Der Titel dieses Buches sagt es schon. An Weihnachten dreht sich in Irland alles um die Geselligkeit, um Freunde, Musik, gut essen und trinken – viel trinken. Davon wird im Jahre 1600 ebenso erzählt wie in der Gegenwart: Man kommt zusammen, in der Familie oder im Pub, man trifft den skurrilen Nachbarn oder einen Matrosen oder einen Sargträger, man singt und tratscht. Kein Wunder, daß es mit der Stillen Nacht nicht weit her ist, daß der Christbaum auch mal mit Luftballons geschmückt sein kann, daß es eher komisch zugeht als sentimental, eher weltlich als fromm. Dennoch gibt es auch die andere Seite der irischen Weihnacht, die wehmütig stimmt, wo die Armut für ein paar Stunden vergessen werden soll.

Mit Sagen und Märchen aus keltischer Tradition, mit Geschichten und Gedichten klassischer und moderner Autoren, darunter William Carleton, James Joyce, Frank O'Connor, Flann O'Brien und Maeve Binchy, spannt dies Buch einen Bogen über mehrere Jahrhunderte irischer Weihnachtsfreude.

Der Herausgeber *Frank T. Zumbach,* geboren 1953 in Marburg, lebt als freier Schriftsteller, Übersetzer und Journalist in München.

Paddy's Weihnachts-Party

Weihnachtliche Geschichten aus Irland

Mit einem Nachwort herausgegeben
von Frank T. Zumbach

Mit 12 Abbildungen

Deutscher Taschenbuch Verlag

Originalausgabe
Oktober 1996
3. Auflage Oktober 2002
Deutscher Taschenbuch Verlag GmbH & Co. KG,
München
www.dtv.de
© Deutscher Taschenbuch Verlag, München
Umschlagkonzept: Balk & Brumshagen
Umschlagbild: Jindra Čapek
Gesetzt aus der Bembo 10/11·
Gesamtherstellung: Druckerei C. H. Beck, Nördlingen
Gedruckt auf säurefreiem, chlorfrei gebleichtem Papier
Printed in Germany · ISBN 3-423-20571-7

INHALT

Erstes Kapitel

EINSTIMMUNG

William Carleton
Weihnachten auf dem Lande

Auf dem Lande verläuft der Weihnachtstag wie sonst überall in Irland: Freunde treffen sich vor dem Essen in ihren Häusern, bei Nachbarn, Freunden, in Kneipen oder Pubs, wo sie trinken, singen oder raufen, je nach Temperament oder dem Quantum Alkohol, das sie genossen haben.

Daß es ein besonderer Tag ist, sieht man schon an den ungewöhnlich starken Rauchwolken, die tanzend aus allen Kaminen und Schornsteinen aufsteigen, an den vielen Menschen auf den Straßen und an ihren brandneuen Anzügen und Kleidern – denn wenn sich ein junger Mann oder ein Mädchen vom Lande überhaupt etwas Neues zum Anziehen leisten kann, wird es in der Vorweihnachtszeit erstanden˙ –, und nicht zuletzt fallen jene auf, die ein wenig zu viel getrunken haben und in höchster Seligkeit nach Hause torkeln, singend, jedes bekannte Gesicht auf der Straße anhaltend, händeschüttelnd und Küsse austauschend, gleichgültig welchen Geschlechts der jeweils Betroffene ist. Oft kann man zwei Iren beobachten, die sich gemeinsam einen Rausch angetrunken haben und nun Arm in Arm vom Markt oder einer festlichen Veranstaltung kommen. So gehen sie engumschlungen, stützen sich gegenseitig und lösen die Umarmung nur, um sich wie Liebende zu küssen und zu umarmen. Dessenungeachtet ist nichts wahrscheinlicher, als daß eben diese beiden sich auf ihrem Wege aus irgendeinem nichtigen Anlaß das Vergnügen einer Balgerei gönnen, um sich nur um so herzlicher wieder zu vertragen und sich alsbald ihre Freundschaft unter Küssen und Umarmungen erneut zu beweisen. Die üblichen Wirkungen von Ausgelassenheit und Gewalt, Jux und Tollerei, Liebe und Schnaps sind an Weihnachten mehr als bei anderen

Festlichkeiten zu sehen, zu hören und am eigenen Leibe zu erfahren; und es ist immer wieder bemerkenswert, wie deutlich und anschaulich gerade nationale
Feiertage die Eigenarten des irischen Volkscharakters
zum Vorschein und zur Entfaltung bringen.

(1833)

Zweites Kapitel

FESTE FEIERN – FESTE TRINKEN

Sam McAughtry
PAPAS WEIHNACHTS-PARTY

Es ist nun schon ein paar Jährchen her, da war ich von
der ganzen Familie derjenige, der die meiste Zeit mit
Papa verbrachte, wenn er mal nach Hause kam. Nicht,
weil ich eine besondere Beziehung zu ihm gehabt oder
ihn mehr gemocht hätte als die übrigen Kinder: nein, es
lag eher daran, daß meine Brüder noch was anderes zu
tun hatten, als Guinness zu saufen, ich nicht, und wenn
Papa daheim war, wurde er immer so unruhig und nervös, sobald er eine Zeitlang auf ein- und demselben,
Fleck rumgesessen war. »Los, zieh deinen Mantel an
und komm«, sagte er dann zu mir, morgens, mittags und
abends. »Wohin geht's denn?« fragte ich, und er antwortete: »'N bißchen frischen Wind um die Nase wehen
lassen, Junge.« So anderthalb Minuten später entdeckten
wir jedesmal zu unserer Überraschung, daß wir direkt
vor Jimmy McGrane's Pub in der Spamount Street ge-
landet waren, und da gingen wir dann 'rein, um uns
aufzuwärmen. Und daher war schon vorauszusehen,
daß das zweite Weihnachtsfest in seinem Leben, das
Papa in der Heimat verbrachte, ein ziemlich spezielles
Weihnachtsfest werden würde – für mich mehr als für
jeden anderen Beteiligten.

Das war 1950, ein Jahr, bevor ich heiratete, und ein
Jahr, bevor Papa starb und in Kuba begraben wurde. Es
gab bloß die drei Brüder, die Schwester und mich bei
uns zu Hause, denn Mutter war damals schon vier Jahre
tot. Eine Woche vor Weihnachten legte Papas Schiff in
Immingham/Yorkshire an, und erst am 27. ging's wieder los auf die Reise. »Sam, mein Junge«, sagte er in
dem Augenblick, als er von der Liverpoolfähre an Land
ging und Belfast-Boden unter den Schuhen spürte, »du
und ich müssen jetzt einen Vorrat für die Weihnachtsfeier besorgen.« »Wo soll denn die stattfinden?« fragte

ich. »Direkt in unserm Salong«, sagte er. Auf dem Nachhauseweg vom Hafen nahmen wir noch einen zur Brust, und als wir die Kneipe verließen, schleppte ich ein gutes Dutzend Stoutflaschen mit, der erste Schub unserer Weihnachtsvorräte. Nachdem meine Schwester ihn mühsam dazu überredet hatte, ein winziges Stückchen gebratenen Hammel und eine Tasse Milchtee zu sich zu nehmen, ging's erstmal rüber zu Jimmy McGrane's. »Werd' heuer Weihnachten daheim verbringen«, sagte Papa zu all seinen Kumpels, »und aus diesem Anlaß 'ne kleine Party geben.«

Erst einmal schrieb er die Namen von denen, die kommen wollten, auf ein Stück Papier, aber auf dem war nicht genug Platz für alle Anwärter. »Ich darf dich daran erinnern«, sagte ich zu ihm, »daß wir auf deiner Party was zu trinken brauchen.« »Wo du recht hast, hast du recht«, meinte er, »also lauf mal eben die Bar an und besorg uns was.« Mit diesen Worten überreichte er mir eine Handvoll zerknitterter, aber minzfrischer Geldscheine aus seiner Jackentasche.

Am 22., 23. und 24. Dezember begann unser Wohnzimmer immer mehr wie Jimmy McGrane's Pub auszusehen. Wohin man blickte: Drinks, Drinks, Drinks. Meine Schwester wirkte inzwischen ernsthaft besorgt darüber, was diese Anhäufung von Getränken zu bedeuten hatte und zu was das führen sollte. Unser ganzes Leben lang waren wir daran gewohnt gewesen, daß Papa bloß mal eben die Runde machte, »um 'n Happen zu essen«, und daß er dann irgendwann wie ein »Schentelmän« zurückkam, alles im Griff, alles unter Kontrolle. Aber diesmal schien die Chose ohne jede Schönfärberei auf ein mordsmäßiges Gelage hinauszulaufen, und noch dazu im »Salong«, einem Ort, der ansonsten vor allem Geistlichen, Bewährungshelfern, Gerichtsvollziehern oder Versicherungsfritzen vorbehalten war, und letzteren auch nur, wenn sie irgendeine Police ausbezahlten.

»Richte den Salong 'n bißchen her, mein Junge«, sagte Papa zu mir, »mach, daß er nach Kneipe ausschaut.« Also warf ich etwas frische Farbe an die Wände und richtete einen Behelfstresen aus einem langen Brett und unserer Porzellanvitrine auf, über die ich die Fenstervorhänge drapierte.

»Ay ay, Sir«, sagte ich zu Papa am Weihnachtsmorgen, »die Bar ist fertig; wir haben genug zu schlucken, daß es fürs Erste und Zweite Grenadierregiment langt: um wieviel Uhr soll's denn nun losgehen?«

»Um Mitternacht«, sagte er einfach. Ich glotzte ihn mit offenem Mund an. »Na, mein Junge«, erklärte er, »die Pubs haben doch bis zehn auf, und danach nehmen wir uns immer 'ne eiserne Ration mit, wie du weißt. Also wird's zwölfe sein, bis wir unsere übliche Tour beendet haben. Ich hab allen Gästen gesagt, sie sollen gegen zwölf hier eintrudeln und sich auf eine lange Nacht gefaßt machen.« »Sag mal, Papa, wie alt bist du eigentlich inzwischen?« »Achtundsechzig«, erwiderte er. »Entschuldige die Frage«, fuhr ich fort, »aber mit was hat dich eigentlich deine Mutter genährt, als du 'n Säugling warst?« »Junge«, sagte er, »red' nich so'n dusseligen Kram daher«, und so wahr mir Gott helfe, er hatte tatsächlich keinen blassen Schimmer, was ich damit meinte.

Sie kamen von fern und nah zu Papas Weihnachtsfeier, und jeder gesegnete Gast brachte was zum Trinken mit. Ich stand hinter dem Behelfstresen und bemühte mich nach Kräften, alle Anwesenden mit unseren Getränken abzufüllen, aber der Vorrat wollte kein Ende nehmen, sondern wuchs im Gegenteil noch an, als schon der Morgen graute.

Ich hörte Papa mit alten Freunden, die er seit Jahrzehnten nicht mehr gesehen hatte, Erinnerungen austauschen. »Mensch, weißtu noch, wie wir um ein Uhr in der Früh den Zentner Käse die Gangway runtergerollt ham?« sagte ein oller Seebär. »Jou«, sagte Papa

leutselig, »das war in Cork. Ham ihn einem Kneipier
für 'ne Buddel Whiskey überlassen.«

Var eine reizende Feier, wirklich nett. Zuletzt lagen
sie alle aufeinander 'rum, sangen Lieder, heulten oder
schüttelten sich die Hände. Als das Fest dann schließlich
zu Ende ging und es immer heller wurde, mußten sieben oder acht Gäste auf Sofas oder Betten getragen
werden. Aber Papa blieb fest wie ein Fels in der Brandung. Und so selig, wie er nur ohne meine Mutter sein
konnte.

Nach den Weihnachtsfeiertagen brachte ich ihn
nachts zur Fähre nach Liverpool. »Was um Himmels
willen soll ich jetzt mit all dem übriggebliebenen Bier
und Whiskey anfangen?« fragte ich ihn, als ich ihm zum
Abschied die Hand gab.

»Na, dreimal darfste raten«, sagte er. »Was tut man
denn normalerweise mit dem Zeuch? Mein Junge«,
fuhr er fort und legte mir väterlich den Arm um die
Schulter, »nimm einen guten Rat von deinem ollen
Papa. Schütt es dir peu à peu so ganz gepflegt hinter die
Binde.«

Und fort ging's wieder auf See, im rüstigen Alter von achtundsechzig Jahren. Einsfünfundachtzig groß, neunzig Kilo schwer, limonadenabstinent bis ans Ende seiner Tage. Weltmeister im Kampftrinken.

Josias Bodley
WEIHNACHTEN IN LECALE, 1602

Captain Josias Bodley, der Bruder des Stifters der Bodleian Library in Oxford, war Offizier in der Armee, die 1595 von Königin Elizabeth gegen den rebellischen Grafen von Tyrone, Hugh O'Neill, nach Irland entsandt wurde.

Dieser Feldzug erwies sich als äußerst mühsam und gefährlich, und der tapfere Bodley hatte an grausamen Schlachten teilnehmen und viele Entbehrungen ertragen müssen, bevor er im Jahre 1602 von Sir Richard Morrison eine Einladung erhielt, die Weihnachtsfeiertage in Downpatrick in der Baronie Lecale zu verbringen, die zur Grafschaft Down gehörte. Ein handschriftlicher Bericht über diesen Besuch wird in der großen Bibliothek in Oxford aufbewahrt und bietet einen interessanten Einblick in das gesellige Leben jener Zeit.

Der folgende Auszug schildert die Festlichkeiten, an denen der Hauptmann und seine Freunde teilnahmen.*

* Anm. des Übersetzers: Die »Ulster-Rebellion« (1595–1603), vorläufig der letzte einer ganzen Reihe von Aufständen, wurde von Hugh O'Neill, Earl of Tyrone, und Hugh Roe O'Donnell, Lord of Tyrconnel, angeführt. Englischer Oberbefehlshaber in Irland war der Earl of Essex, ein politischer Abenteurer, dessen Verhandlungen mit den Rebellen an Verrat grenzten; er endete später wegen eines mißglückten Staatsstreichs

Mein Gott, auf was habe ich mich hier bloß eingelassen? Ich muß schon ein rechter Esel sein, sonst hätte ich niemals eine so schwere Aufgabe auf so verlorenem Posten übernommen; aber Pflicht ist Pflicht, und man tut eben, was man kann . . .

Ich will nun beschreiben, was auf einer Reise geschah, welche Hauptmann Caulfield, Hauptmann Jephson und ich nach Lecale unternahmen, um unserem Freund Sir Richard Morrison einen Besuch abzustatten und uns ein wenig von den Anstrengungen des Feldzugs zu erholen.

Also, der Reihe nach:

Der erwähnte Master Morrison hatte uns überaus freundliche Briefe geschickt, in denen er uns wiederholt einlud, mit ihm die Geburt Christi zu feiern, welche die Engländer »Weihnachten« nennen.

Die erste Station war die Stadt Newry, die wir nach einem Tagesritt erreichten. Ein ziemlich ödes Nest, um die Wahrheit zu sagen; Speisen und Getränke entsprachen der allgemeinen Tristesse, obwohl wir unser Abendessen im Hause des Gouverneurs einnahmen. Am Rindfleisch konnte man sich die Zähne ausbeißen, und das Stück Hammelbraten, das ich auf dem Teller hatte, war halbgar und schlicht ungenießbar. Und dann

und − vielleicht − einer unglücklichen Liebesgeschichte mit der Königin auf dem Schafott. Die Sache stand für England zeitweise verzweifelt schlecht, etwa als das britische Heer 1598 von den Iren vernichtend geschlagen wurde und Hugh O'Neill mit den Spaniern paktierte, die Waffen und Truppenkontingente schickten − mit dem strategischen Ziel, Irland als Brückenkopf gegen Großbritannien zu benützen. Essex' Nachfolger, Charles Blount, Lord Mountjoy, unter dem auch Josias Bodley diente, siegte jedoch 1601 in der blutigen Schlacht von Kinsale (südlich von Cork) gegen 3000 Spanier und die irischen Rebellen und beendete so den »Gälischen Krieg« sowie die Stammesherrschaft in Irland. Bis zum endgültigen Friedensschluß vergingen zwar noch weitere zwei Jahre, aber für Offiziere wie Bodley war damit das Schlimmste überstanden. Gönnen wir ihm also nach all der Mühsal, Plackerei und Gefahr für Leib und Leben sein »Lukullisches Weihnachten«.

das saure Zeugs, das man uns dazu servierte! Ich habe in meinem Leben keinen schlechteren Wein getrunken. Es gab nicht mal ein Stück Brot, nur alten Schiffszwieback, doch wenigstens madenfrei. Nicht gerade standesgemäß. Sogar die Feldküche war manchmal besser. Kurzum, eine Unverschämtheit, Offizieren der Königin einen solchen Fraß vorzusetzen!

Trotzdem ließen wir uns die gute Laune nicht verderben, taten reichlich Zucker in unsere Gläser, wie's bei uns die Kronanwälte mit kanarischem Wein zu tun pflegen, und rösteten den Zwieback über dem Kaminfeuer. In England heißt eine solche Mahlzeit »Advokatenschlafmütze«. In Newry trafen wir später auch auf Captain Adderton – ein famoser Bursche und alter Kamerad –, der ebenfalls gerade Freigang hatte und daher leicht zu überreden war, uns nach Lecale zu begleiten.

So waren wir also zu viert, als wir am nächsten Morgen zeitig aufsattelten und weiter in die irische Wildnis vorstießen. Bis auf Captain Caulfield, der ortskundig zu sein vorgab und noch vorm Schlafengehen hochheilig versprochen hatte, uns sicher ans Ziel zu bringen, kannte sich keiner in dieser Gegend aus. Wir waren freilich kaum drei Meilen unterwegs, als wir uns auch schon jämmerlich verirrt hatten, absitzen und unsere Pferde bei strömendem Regen durch unwegsames, sumpfiges Heideland führen mußten.

Da verging uns bald der Spaß, so daß wir unseren »kundigen Führer« zwischen zusammengebissenen Zähnen ein ums andere Mal verfluchten und in die tiefste Hölle wünschten.

Schließlich gelangten wir zu einer kleinen Ortschaft mit so einem verrückten irischen Namen, den ich vergessen habe. Wir heuerten einen Einheimischen an, der uns für zwei Messingschillinge zur Insel Magennis führen sollte, zehn Meilen von Newry entfernt, denn

Master Morrison hatte versprochen, uns dort abzuholen.

Es herrschte naßkaltes Wetter; als wir über die Berge ritten, wo es weder Bäume noch Häuser gab, blies uns ein heulender, eisiger Wind ins Gesicht. Aber was blieb uns anderes übrig, als geduldig alle Widrigkeiten zu ertragen!

Immerhin besaß ich als einziger einen langen, wetterfesten Mantel mit einer Kapuze, die ich mir fest um den Kopf hielt, um der Witterung zu trotzen. Zu meiner Schande muß ich gestehen, daß ich beim Anblick meiner verfrorenen und zähneklappernden Gefährten, die nicht so gut gegen den Sturm gerüstet waren, des öfteren schadenfroh in mich hineinlachte.

Endlich erreichten wir Magennis, wo wir, von den klitschnassen Pferden steigend, auf Master Morrison und Captain Constable trafen und noch einige andere, die ich hier der Kürze halber übergehe. Sie hatten schon über drei Stunden auf uns gewartet und sich in der Zwischenzeit bereits einiges an Bier und Usquebaugh (Whiskey) eingeflößt. Es herrschte eine entsprechend lockere und heitere Stimmung.

Von dieser Insel bis nach Downpatrick, dem Landsitz unseres Gastgebers, waren es noch zehn oder zwölf Meilen, und der Weg dorthin schien weit länger, da wir alle endlich am Ziel zu sein wünschten. Aber alles hat ein Ende, nur die Wurst hat zwei, wie man zu sagen pflegt. So gelangten wir nach einer Ewigkeit zu besagtem Hause. Nun begann ein mehr als lukullisches Vergnügen...

Als wir uns bis auf einen Steinwurf dem Anwesen – Palast wäre ein angemesseneres Wort – des besagten Master Morrison genähert hatten, kamen uns, siehe da, unzählige Bedienstete mit Fackeln und Kienlichtern entgegen, denn mittlerweile war es stockdunkel geworden.

Man hilft uns aus den Sätteln, nimmt uns die Pferde ab und führt sie zu hübschen und geräumigen Stallungen, in denen es an Heu und Hafer keinen Mangel hat. Und Master Morrison geleitet uns persönlich über eine breite Treppe in eine prächtige Halle, wo ein loderndes Kaminfeuer sogar einen Leichenbestatter gewärmt hätte, wie es in London heißt, und nach einem kräftigen Willkommenstrunk gleich in unsere Schlafkammer, gastfreundlich hergerichtet nach bester irischer Art . . .

Nach einer Stunde hören wir unten in der Küche jemanden mit lauter Stimme rufen: »Zu Tisch!« Und, schon ausgeruhter und mit trockenen Kleidern im Speisesaal angekommen, gewahren wir eine lange Reihe von geschmackvoll livrierten Lakaien, jeder mit Schüsseln und Tellern, vollgehäuft mit den köstlichsten, betörend duftenden Fleischsorten, welche sie artig und anmutig vor uns servieren.

Einer reicht uns eine Schale mit warmem Wasser, ein anderer eine blütenweiße Serviette; weitere arrangieren Tische und Stühle so, daß sich alles trefflich zueinander fügt. »Der Worte sind genug gewechselt, nun laßt uns Taten sehn« (wie Ajax bei Ovid vorschlägt).

Das Tischgebet ist gesprochen, unser Blick ruht jetzt konzentriert auf den Speisen, während wir die Bestecke schwingen: Es ist genau wie bei den hochgerühmten belgischen Festmählern, wo am Anfang Stille eintritt, dann eifrige Kaugeräusche und zuletzt die lebhafteste Konversation. Denn zuerst sitzen wir wie vom Donner gerührt ob der Reichhaltigkeit und Fülle der dargebotenen Speisen und Leckerbissen.

In kurzer Zeit aber sind wir voll und ganz mit dem Menü beschäftigt, widmen uns den dampfenden Schüsseln, rufen ab und zu nach einem Bediensteten, neu einzuschenken oder uns eine entfernter stehende Speise zu reichen, jeder nach Lust und Laune. Das Abendessen ist schon vorangeschritten, da läßt sich Master Morrison einen enormen Glaskelch mit rotem

Wein bringen (der wohl über zwei Liter faßt) und trinkt auf das Wohl der Anwesenden und insbesondere auf unsere glückliche Ankunft. Dann reicht er ihn an uns weiter; wir geben ihm fröhlich Bescheid, und ein jeder nimmt einen mindestens ebensogroßen Schluck. Als die Reihe dann wieder an ihm ist, bringt er einen Toast auf unsere ruhmreiche Armee und alle alten Kameraden aus, die heute nicht unter uns weilen können, und so geht es in einem fort. Ein wirklich hübscher Brauch, der mehr für sich hat, als man glauben möchte. Und da war keiner unter uns, der nicht ohne Zögern bei dem Umtrunk mitgehalten hätte, was ich mit großer Genugtuung sah, denn er besiegelte unsere Einigkeit und versicherte uns nur um so mehr unserer Freundschaft . . .

Nach dem Abendessen, das, wie ich wohl schon erwähnte, ebenso reichhaltig wie elegant war, kehrten wir in unser Schlafgemach zurück, wo im Kamin schon ein lustiges Feuer brannte (denn außerhalb geheizter Räume herrschte zu jener Jahreszeit Eiseskälte). Man hatte einige Bänke so zusammengestellt, daß wir noch ein Weilchen gesellig beisammensitzen konnten; auch genug Tabak und hübsche lange Tonpfeifen lagen parat. Allerdings waren wir von den Strapazen der Reise und vom reichlich genossenen Wein bereits bettschwer und auch schon ein wenig wirr im Kopfe. Ich brauche daher kaum zu erwähnen, daß wir in dieser Nacht wie Steine auf unsere Kissen fielen, wie in dem alten Sprichwort: Wer gut trinkt, hat einen guten Schlaf. So hatte am anderen Tag die Sonne bereits längst den Gipfel ihres Himmelsbogens erreicht, als die Dienerschaft es für an der Zeit hielt, uns aus wohligem Schlummer zu wecken und das Kaminfeuer wieder anzuschüren. Wir schlugen die Augen auf, fanden uns bestens versorgt und wünschten einander mit schwerer Zunge einen guten Morgen. Bevor wir aus den Betten stiegen, bekamen wir noch einen Krafttrunk

gereicht, der aus Starkbier mit Zucker und Eiern
bestand, um unsere Mägen zu beruhigen, dazu Bier
mit Röstbrot und Muskatnuß, falls das jemand vor-
zog, gegen den Nachdurst und womöglichen Kopf-
schmerz sowie zur Kühlung der Leber; ferner Pfeifen
mit bestem Tabak zur Vorbeugung von Rheuma und
Katarrh.

Wir springen nun alle rasch aus dem Bett, kleiden
uns an, versammeln uns ums Feuer und machen, nachdem alle einigermaßen wach und gestärkt sind, einen
kleinen Spaziergang ins Freie. Die Luft ist in diesem
Landstrich ausnehmend frisch, angenehm und wohltuend, und wenn ich sämtliche Vorzüge des Ortes
aufzählen wollte, hieße dies die Geduld des Lesers auf
eine schwere Probe stellen – abgesehen davon, daß
meine Talente als Schreiber und Chronist doch be-
grenzt sind. Ich setze daher all dies als bekannt voraus
und kehre, nachdem wir uns genug erfrischt und er-
gangen haben, zur Schilderung der laufenden Ereignisse
zurück, zum Hause unseres Gastgebers, wo bereits das
Essen auf uns wartet.

Aber wie soll ich nun Worte finden für all den
Luxus, von dem wir uns umgeben sahen, die Fürsorge,
die man uns angedeihen ließ und mit der man uns
jeden Wunsch von den Lippen ablas, für all die leckeren
Speisen, Zwischengerichte und Spezereien? Es schien
gerade so, als nähmen wir am Hochzeitsmahl teil, das
Kleopatra für ihren Marc Anton zubereiten ließ, es gab
so viele Arten von Fleisch und Fisch, von Saucen und
Gewürzen, von Gegartem und Gekochtem und Gebra-
tenem und Gedünstetem, Überbackenem und Kan-
diertem. Gern würde ich jeden einzelnen Leckerbissen
aufzählen, möchte mich jedoch nicht der Gefahr aus-
setzen, den Leser unnötig mit einer Auflistung von
Gaumenkitzeln zu quälen, die auf der Zunge zerge-
hen zu lassen ihm versagt bleibt. Die Beschreibung
eines einzigen Ganges soll daher genügen, einen wenn

auch unvollständigen Gesamteindruck zu vermitteln. Da gab es zum Beispiel einen enorm großen und appetitlich aussehenden Ring von Sülze und Pökelfleisch mit allen dazugehörigen Zutaten, wie etwa Senf von vielerlei Sorten, wozu sich Muskatellerwein empfahl; nach welschen Rezepten gestopfte Gänse, Enten und Kapaune, an deren knusprigen Schenkeln Captain Caulfield sich kaum satt essen konnte, Wild- und Geflügelpasteten, Markklößchen mit Pflaumen, Küchlein mit Vanille und Sauermilch – Leckereien, wie sie nur der Bürgermeister und die Stadträte von London bei ihren Festmählern aufgetischt bekommen; dann andere Köstlichkeiten, ausgebacken oder in Blätterteig gehüllt, die hier »Törtchen« heißen, in den unterschiedlichsten Formen, Färbungen und Zusammensetzungen, mit Füllungen aus Wildbret, Rind-, Lamm- und Kalbfleisch. Ich will hier nicht weiter auf die Appetithäppchen eingehen, die bei den Welschen große Mode sind und welche die Franzmänner »Quelqu'choses« nennen – dergleichen gilt ja bei uns als aufgesetzt und vulgär. Noch möchte ich mich über die ausgesuchten Delikatessen, Früchte und Süßspeisen auslassen, die den zum Abschluß des Mahls gereichten Käse begleiteten – man würde mich in England womöglich für einen Aufschneider halten. Kurz und gut, ich kann nur sagen: Wir wurden in bestem Sinne reichlich und exquisit verköstigt.

Und sollte jemand einwenden, daß Gott uns das Fleisch gegeben, als Koch aber den Teufel gesandt hat, wie wiederum ein altes Sprichwort sagt, so sei es mir gestattet, hier am Rande einfließen zu lassen, daß Master Morrisons Koch mit seiner Kunst alles von mir bislang Gekostete übertraf. Solch einen vollendeten Künstler wird man auf Erden nimmer finden. Ich versteige mich nun zu einer Behauptung, über die manch einer in England den Kopf schütteln wird. Also, mit Verlaub: Ich glaube, daß Master Robert, welcher der Küche des Lord Deputy vorsteht, von Master Morrisons Koch –

sein Name ist Philip – noch etliches dazulernen kann, allein was die Menüfolge und die Zwischengerichte angeht. Dem Klugen genügt eine Andeutung.

James Joyce
DER MISSES MORKAN'S ALLJÄHRLICHES WEIHNACHTSMAHL

Auf dem Treppenabsatz vor dem Salon traf Gabriel auf seine Frau und auf Mary Jane. Sie versuchten gerade, Miss Ivors zu überreden, doch zum Abendessen zu bleiben. Doch Miss Ivors, die schon ihren Hut aufgesetzt hatte und jetzt den Mantel zuknöpfte, wollte nicht bleiben. Sie fühlte sich überhaupt nicht hungrig und hatte auch ihre Zeit schon überzogen.

»Nur noch für zehn Minuten, Molly«, sagte Mrs. Conroy. »Das macht doch kaum etwas aus!«

»Nur ein kleines Häppchen«, bat Mary Jane, »nach all deinem Tanzen.«

»Nein, es geht wirklich nicht«, sagte Miss Ivors.

»Dir hat es wohl überhaupt nicht gefallen!« Mary Jane klang jetzt enttäuscht.

»Doch, doch, es hat mir gut gefallen, sicher«, entgegnete Miss Ivors, »aber ihr müßt mich jetzt wirklich gehen lassen!«

»Aber wie kommst du nach Hause?«

»Es sind doch nur ein paar Schritte den Uferkai hinauf.«

Gabriel überlegte einen Moment. Dann sagte er: »Wenn Sie erlauben, Miss Ivors, dann begleite ich Sie nach Hause, wenn Sie wirklich schon gehen müssen.«

Hier wurde Miss Ivors brüsk: »Hört auf!« schrie sie. »Um Himmels willen, setzt euch doch zu Tisch und laßt mich in Ruhe! Ich bin alt genug, mich um mich selbst zu kümmern!«

»Weißt du, was du bist, Molly? 'Ne komische Marke!« entgegnete Mrs. Conroy offenherzig.

»Adieu!« rief Miss Ivors, jetzt lachend, und sprang die Treppen hinab.

Mary Jane starrte ihr nach mit einem irritierten Gesichtsausdruck. Mrs. Conroy lehnte sich über das Treppengeländer und horchte auf den Schlag der Haustür. Gabriel fragte sich, ob er der Grund für ihren plötzlichen Aufbruch gewesen war. Immerhin schien sie nicht in Mißstimmung zu sein: Schließlich war sie lachend davongesprungen! Er blickte starr die Treppe hinab.

In diesem Augenblick kam Tante Kate aus dem Speisezimmer herausgewatschelt und rang ihre Hände in Verzweiflung. »Wo ist Gabriel?« rief sie, »wo um Himmels willen ist Gabriel? Alle warten hier und wollen loslegen, und niemand ist da, die Gans zu zerschneiden.«

»Hier bin ich, Tante Kate«, ertönte Gabriel in plötzlicher Belebung, »bereit, eine ganze Schar von Gänsen zu zerteilen, wenn's sein muß!«

Eine fette goldbraune Gans prangte am einen Ende der Tafel. Am anderen Ende – auf einer Unterlage von zerknittertem Silberpapier, überstreut mit Petersilie – ein riesiger Schinken, ohne Schwarte und mit gerösteten Brotstückchen garniert, eine zierliche Papierkrause um die Haxe, und drumherum gewürzte Rindfleischscheibchen. Zwischen diesen sozusagen rivalisierenden Tischenden zwei parallele Linien von Beilagen: zwei kleine Türme aus Gelee, rot und gelb, eine flache Schüssel voll umgestürzter fester Mandelpuddings mit roter Marmelade, eine große grüne blattförmige Schale mit einem Stiel als Griff, worauf Haufen von purpurnen Rosinen lagen und geschälte Mandeln, daneben eine Platte, auf der im Rechteck reife glänzende Smyrna-Feigen arrangiert waren; leckere Eiercreme mit geriebener Muskatnuß überstäubt, eine kleine Glasschale voller Schokos und Bonbons in Gold- und Silberpapier, schließlich eine gläserne Vase, aus der langer Stangensellerie gleich grünen Blumen sproß. Im Mittelpunkt der Tafel, wie Schildwachen neben einer Fruchtschale mit einer Pyramide aus Orangen und Pampelmusen, standen zwei niedrige altmodische Kristallkaraffen, eine mit Portwein, die andere mit dunklem Sherry. Auf dem geschlossenen Piano stand noch ein Pudding in einer großen gelben Schüssel in Wartestellung und dahinter drei Reihen von Flaschen: Stout, Hellbier und Mineralwasser, aufmarschiert nach der Farbe ihrer Uniformen, die ersten beiden in Schwarz mit braunen und roten Schildern, die dritte und kleinste Schwadron in Weißglas, mit quergestreiften grünen Schärpen.

Gabriel nahm selbstbewußt seinen Platz am Kopfende der Tafel ein und stach, nachdem er die Schärfe des Tranchiermessers geprüft hatte, die Gabel fest in den Gänsebraten. Er fühlte sich in Hochstimmung, denn er war ein exzellenter Trancheur, und nichts liebte er mehr, als zu Häupten einer wohlgedeckten Tafel zu agieren.

»Miss Furlong, wonach gelüstet Sie«, fragte er, »nach einem Flügel oder einem Bruststück?«

»Nur ein kleines Bruststück, bitte.«

»Miss Higgins, und was für Sie?«

»Oh, was immer Sie haben, Mr. Conroy.«

Während Gabriel und Miss Daly Teller mit Gans und Teller mit Schinken und Würzfleisch tauschten, ging Lily von Gast zu Gast mit einer Schüssel heißer mehliger Kartoffeln, die Schüssel in eine weiße Serviette gewickelt. Das war Mary Janes Idee. Sie hatte auch Apfelmus für die Gans empfohlen, aber Tante Kate hatte erwidert, einfache Bratgans ohne Apfelmus sei immer gut genug für sie gewesen und sie hoffe, niemals Schlechteres essen zu müssen. Mary Jane bediente ihre Schüler mit den besten Scheiben vom Braten. Tante

Kate und Tante Julia öffneten die Flaschen am Klavier und trugen sie herum. Stout und Ale für die Herren, Mineralwasser für die Ladies. Das war ein herrliches Durcheinander und Lachen und Lärm, der Lärm von Anweisungen und Gegenanweisungen, von Messern und Gabeln, von Korken und Pfropfen.

Gabriel fing an, einen zweiten Bratengang zu servieren, sobald er die erste Runde serviert hatte – immer noch ohne an sich selbst zu denken. Jedermann protestierte laut dagegen, so daß er als Kompromiß einen tiefen Zug Stout zu sich nahm, denn das Tranchieren war schließlich hitzige Arbeit. Mary Jane ließ sich schließlich ganz still über ihrer Mahlzeit nieder, während die Tanten Kate und Julia immer noch um die Tafel herumwatschelten, sich gegenseitig auf die Füße tretend oder sonstwie ins Gehege kommend und einander überflüssige Anweisungen gebend. Mr. Browne bat sie, sich doch endlich hinzusetzen und ihr Festmahl einzunehmen. Gabriel unterstützte ihn, doch sie entgegneten, es sei noch genug Zeit. Da stand Freddy Malins auf, schnappte sich Tante Kate und ließ sie in ihren Stuhl fallen unter allgemeinem Gelächter.

Als schließlich alle gut versorgt waren, sagte Gabriel lächelnd: »Nun, wenn jemand noch etwas von dem haben will, was gewöhnliche Leute Füllung nennen, dann erhebe sie oder er die Stimme.«

Ein Chor von Stimmen forderte ihn auf, endlich mit seinem eigenen Mahl zu beginnen. Lily kam nach vorne und servierte ihm die drei Kartoffeln, die sie für ihn aufbewahrt hatte.

»In Ordnung«, sagte Gabriel charmant und nahm einen weiteren vorbereitenden Schluck, »vergeßt, Ladies and Gentlemen, bitte freundlicherweise meine Gegenwart für ein paar Minuten!«

Er widmete sich nun seinem Mahl und nahm nicht teil an der Konversation, welche nun Lilys Abdecken der Teller übertönte. Gegenstand der Unterhaltung war die Operntruppe, welche am Royal Theatre gastierte. Mr. Bartell D'Arcy, der Tenor, war ein junger Mann mit dunklem Teint und einem überaus smarten Moustache. Er pries in hohen Tönen die Altstimme der Kompanie, aber Miss Furlong meinte, die hätte eine ziemlich vulgäre Gesangstechnik. Freddy Malins bemerkte, da sänge ein Negerhäuptling im zweiten Teil der Gaiety-Pantomime, der eine der schönsten Tenorstimmen besäße, die ihm jemals zu Ohren gekommen wäre. »Haben Sie ihn einmal gehört?« fragte er Mr. Bartell D'Arcy über den Tisch hinweg.

»Nein«, antwortete dieser sorglos.

»Schade«, erklärte Freddy Malins, »ich hätte zu gerne Ihre Meinung über ihn gehört. Ich denke, er hat eine großartige Stimme!«

»Ja, ja, der Teddy findet doch immer die wirklich guten Dinge heraus«, wandte sich Mr. Browne in vertraulichem Ton an die Tischgesellschaft.

»Wieso kann der nicht auch eine prima Stimme haben?« fragte Freddy Malins scharf – »etwa nur nicht, weil er ein Schwarzer ist?« Keiner reagierte auf diese gereizte Frage, und Mary Jane führte die Diskussion wieder auf die offizielle Oper zurück. Eine ihrer Schülerinnen hatte ihr eine Karte für ›Mignon‹ besorgt. Natürlich war es eine schöne Aufführung, aber das Stück ließ sie an die arme Georgia Burns denken, das Glanzlicht früher Tage, die so tragisch umgekommen war. Mr. Browne ging noch weiter zurück, zu den alten italienischen Theatertruppen, die in Dublin zu gastieren pflegten – Tietjens, Ilma de Murzka, Campanini, der große Trebelli Giuglini, Ravelli, Aramburo. Ach, das waren Zeiten! Da schwang Musik und Gesang regelrecht in Dublins Luft! Browne erzählte, wie die oberste Galerie im alten Royal Abend für Abend zum Bersten gefüllt war und wie eines Abends ein italienischer Tenor fünf Zugaben zu »Let me like a Soldier fall« gesungen hatte, jedesmal mit dem hohen C beginnend. Oder wie die Knaben von

den Stehplätzen der obersten Galerie in ihrer Begeisterung die Pferde aus der Kutsche irgendeiner Prima-
donna ausgespannt und sie selbst durch die Straßen zum
Hotel gezogen hatten. Warum würden die großen alten
Opern jetzt nicht mehr gegeben, fragte er, ›Dinorah‹
etwa oder ›Lucrezia Borgia‹? Weil sie dafür keine
Stimmen mehr bekämen: das sei der wahre Grund!

»Glaub' ich nicht«, ließ sich Mr. Bartell D'Arcy vernehmen, »ich glaube vielmehr, es gibt heute genauso
gute Sänger wie damals.«

»Aber wo sind die denn?« fragte Mr. Browne trotzig.

»In London, Paris, Milano«, antwortete Mr. Bartell
D'Arcy erregt. »Caruso, zum Beispiel, ist genauso gut,
vielleicht sogar besser als alle Männer, die Sie genannt
haben.«

»Kann sein«, sagte Browne, »aber ich bezweifle das
alles außerordentlich.«

»Oh, ich gäbe alles darum, Caruso singen zu hören!«
rief Mary Jane.

»Für mich«, warf Tante Kate ein, die gerade an einem
Knochen nagte, »für mich gab es nur einen Tenor. Für
meinen Geschmack, meine ich. Vermutlich hat noch
niemand seinen Namen gehört.«

»Wie hieß er denn, Miss Morkan?« fragte Mr. Bartell
D'Arcy höflich.

»Sein Name war Parkinson«, erklärte Tante Kate. »Ich
hörte ihn, als er auf seinem Zenit war, und ich denke, er
hatte damals den reinsten Tenor, der je aus eines Mannes Kehle erklang.«

»Komisch«, sagte Mr. Bartell D'Arcy, »ich habe niemals von ihm gehört.«

»Doch doch, Miss Morkan hat recht«, ließ sich Mr.
Browne vernehmen, »ich erinnere mich, vom alten
Parkinson gehört zu haben – aber das alles liegt für
mich zu weit zurück.«

»Ein wundervoller süßer und weicher englischer Tenor!« Tante Kate geriet regelrecht ins Schwärmen.

Als Gabriel mit der Hauptmahlzeit endlich fertig war, wurde der riesige Pudding auf den Tisch gestellt. Das Geklapper von Gabeln und Löffeln fing wieder an. Gabriels Frau teilte löffelweise Pudding aus und reichte die Teller den Tisch entlang. Auf der Wegesmitte hielt Mary Jane sie an und füllte sie mit Himbeer- oder Orangengelee auf oder aber – je nach Wunsch – mit Mandelsoße oder Marmelade. Der Pudding war das Werk von Tante Julia, und sie erntete dafür Lob von allen Seiten. Sie selbst meinte allerdings, er sei nicht braun genug.

»Nun, dann hoffe ich, Miss Morkan, daß ich braun genug bin für Sie, denn wie Sie wissen, bin ich überall braun«, kalauerte Mr. Browne.

Alle Herren außer Gabriel aßen von dem Pudding, Tante Julia zu Gefallen. Da Gabriel niemals Süßigkeiten aß, hatte man den Sellerie für ihn übriggelassen. Freddy Malins nahm auch eine Stange davon und aß sie zu seinem Pudding. Er hatte gehört, daß Sellerie sehr wichtig sei für die Blutbildung, und er war gerade in ärztlicher Behandlung. Seine Frau, Mrs. Malins, welche die ganze Mahlzeit lang geschwiegen hatte, erzählte, ihr Sohn ginge in ungefähr einer Woche nach Mount Melleray. Das Thema nahm die Tafel dankbar auf, wie erfrischend die Luft doch sei in Mount Melleray, wie gastfreundlich die Mönche und daß sie niemals auch nur einen Penny von ihren Gästen nähmen.

»Heißt das etwa«, ließ sich Mr. Browne ungläubig vernehmen, »daß man da einfach so hingehen, sich wie im Hotel einquartieren und verwöhnen lassen kann, ohne etwas dafür zu bezahlen?«

»Oh, die meisten Gäste geben dem Kloster eine Spende, wenn sie wieder gehen«, sagte Mary Jane.

»Ich wünschte, eine solche Einrichtung gäbe es auch in unserer Kirche«, bemerkte Mr. Browne aufgekratzt. Er war erstaunt, außerdem zu hören, daß die Mönche niemals sprächen, um zwei am Morgen aufstünden und in ihren Särgen schliefen. Er fragte, warum sie das täten.

»Das sind Ordensregeln«, sagte Tante Kate mit Bestimmtheit.

»Ja, aber warum?« fragte Mr. Browne.

Tante Kate wiederholte, es seien eben Regeln, basta. Mr. Browne schien immer noch nicht zu kapieren. Da erklärte Freddy Malins ihm, so gut er konnte, daß die Mönche für die Sünden der ganzen übrigen Welt aufzukommen versuchten. Diese Erklärung war nicht sehr klar, denn Mr. Browne grinste und flachste: »Ich finde die Idee entzückend, aber täte es da nicht auch eine bequeme Matratze anstelle des Sarges?«

»Der Sarg«, erläuterte Mary Jane, »soll sie an ihr selig Ende erinnern.«

Hier rutschte das Thema nun etwas ins Peinliche ab und wurde von der Tafel mit Schweigen zugedeckt. Da hinein hörte man Mrs. Malins zu ihrer Nachbarin mit einem dunklen Unterton sagen: »Es sind wirklich herzensgute Menschen, die Mönche, und sehr gottesfürchtig dazu!«

Die Trauben, Mandeln, Feigen, die Äpfel, Orangen, die Schokos und Süßigkeiten wurden nun um die Tafel herumgereicht, und Tante Julia forderte die Gäste auf, sich einen Port oder Sherry zu genehmigen. Erst weigerte sich Mr. Bartell D'Arcy, überhaupt einen Drink zu nehmen, doch einer seiner Nachbarn knuffte ihn und flüsterte ihm etwas zu, woraufhin der junge Mann sein Glas bereitwillig füllen ließ. Allmählich erstarb die Unterhaltung. Die letzten Gläser wurden gefüllt, eine Pause folgte, unterbrochen nur durch Geräusche des Weineinschenkens und dem Scharren von Stühlen. Die Misses Morkan, alle drei, schauten vor sich aufs Tischtuch. Jemand hustete ein oder zweimal, einige Herren klopften auf den Tisch und baten um Ruhe. Als völlige Stille eingekehrt war, stieß Gabriel seinen Stuhl zurück und erhob sich.

Das Klopfen wurde lauter – zur Ermunterung – und brach dann ab. Gabriel stützte seine zehn zitternden Finger auf das Tischtuch und lächelte nervös auf die Gesellschaft hinunter. Von der Reihe aufmerksamer Gesichter erhob er den Blick auf den Deckenlüster. Er hörte auf einem Piano eine Walzermelodie spielen und Röcke, die an der Salontür entlangrauschten. Draußen standen vielleicht Leute im Schnee am Uferkai, starrten zu den erleuchteten Fenstern hinauf und lauschten auf die Walzermusik. Dort war die Luft frisch und rein. Etwas entfernt lag der Park, dessen Bäume jetzt unter der Schneelast ächzten. Wellingtons Monument trug eine schimmernde Schneekappe, die nach Westen über das weiße Feld von Fifteen Acres leuchtete.

Gabriel begann: »Ladies and Gentlemen. Auf mich ist das Los gefallen wie in den vergangenen Jahren auch, eine sehr angenehme Aufgabe zu erfüllen. Allerdings sind meine Talente als Redner dieser Aufgabe nur wenig gewachsen.«

»Keineswegs!« warf Mr. Browne ein.

»Aber wie dem auch sei«, so Gabriel weiter, »ich kann Sie nur herzlich bitten, meinen Willen für die Tat zu nehmen und mir ein paar Minuten Ihre geschätzte Aufmerksamkeit zu schenken. Ich werde versuchen, meine Gefühle bei diesem Anlaß in passende Worte zu kleiden. – Meine Damen und Herren, nicht das erste Mal versammeln wir uns unter diesem gastfreundlichen Dach, um diesen gastlichen Tisch. Nicht das erste Mal sind wir die Nutznießer – oder sollte ich besser sagen: Opfer? – der Gastfreundschaft von gewissen herzensguten Ladies.«

Er machte mit dem Arm eine Kreisbewegung und hielt inne. Jeder lachte nun oder lächelte in Richtung von Tante Kate, Tante Julia und von Mary Jane, welche alle drei vor Genugtuung hochrot wurden. Gabriel fuhr nun etwas kecker fort:

»Immer deutlicher fühle ich, mit jedem verflossenen Jahr, daß unser Land keine Tradition hat, die ihm so zur Ehre gereicht und auf die man so sorgfältig achten sollte, wie die der Gastfreundschaft. Diese Tradition ist unter den modernen Nationen einzigartig, soweit meine Erfahrung reicht – und ich bin im Ausland einigermaßen herumgekommen. Manche mögen vielleicht einwenden, das, was wir hier tun, sei eher eine liebenswerte Schwäche als etwas, dessen man sich rühmen könnte. Aber selbst das zugegeben: Für mein Dafürhalten ist es eine höchst achtenswerte, fast möchte ich sagen königliche Schwäche und eine, die noch lange – da bin ich sicher – unter uns gepflegt werden wird. Einer Sache mindestens bin ich sicher: Solange dieses Dach die guten Ladies beherbergt, die ich bereits erwähnte – und ich wünsche von Herzen, das ist noch für viele viele Jahre der Fall! –, solange lebt die Tradition ursprünglicher und warmherziger irischer Gastfreundschaft unter uns. Sie ist uns von unseren Vorvätern vermacht worden, und wir müssen sie unseren Nachfahren weiterreichen!«

Ein herzliches Murmeln der Zustimmung lief um die Tafel. Da schoß es Gabriel in den Sinn, daß Miss Ivors nicht mehr da war und daß sie unhöflicherweise gegangen war. Daher sagte er mit Selbstvertrauen:

»Ladies and Gentlemen, in unserer Mitte wächst eine neue Generation heran, eine Generation, die durch neue Ideen und Prinzipien angetrieben wird. Sie nimmt diese ernst, begeistert sich dafür, und diese Begeisterung – selbst wenn teilweise fehlgeleitet – ist im wesentlichen aufrichtig, davon bin ich überzeugt. Aber wir leben in einem skeptischen und – wenn ich mir diesen Ausdruck erlauben darf – gedankengequälten Zeitalter. Manchmal fürchte ich, diese neue Generation – gebildet oder übergebildet wie sie ist – werde der Qualitäten von Humanität, Gastfreundschaft oder freundlichem Humor ermangeln, wie sie in alten Tagen selbstverständlich waren. Als ich heute abend die Namen all der großen Sänger der Vergangenheit hörte, da schien es mir – das muß ich zugeben –, als lebten wir in einem kleinteiligeren Zeitalter. Jene Zeiten aber können ohne Übertreibung weiträumiger genannt werden: Und wenn sie auch unwiderruflich vorbei sind, dann laßt uns wenigstens hoffen, daß in Zusammenkünften wie dieser wir immer noch von ihnen sprechen werden in Stolz und Hochstimmung, daß wir immer noch in unserer Erinnerung hochleben lassen jene großen Toten, deren Ruhm die Welt nicht mutwillig sterben lassen möge!«

»Hört, hört«, ließ sich Mr. Browne vernehmen.

»Aber dennoch«, fuhr Gabriel, jetzt mit etwas weniger Pathos, fort, »schleichen sich bei Versammlungen wie dieser auch immer noch traurigere Gedanken ein: Gedanken an unsere Vergangenheit, an die Jugend, an Veränderungen, an abwesende Gesichter, die wir heute abend hier vermissen. Unser Lebensweg ist gepflastert mit vielen solchen traurigen Erinnerungen. Würden wir ständig über ihnen brüten, fänden wir nicht das Herz, mutig unseren Verpflichtungen in der Gegenwart nachzugehen. Wir alle haben Gott sei Dank unsere lebendigen und gegenwärtigen Pflichten und Neigungen, welche unsere energischen Kräfte erfordern, und zwar zu Recht erfordern.

Deshalb will ich nicht länger in der Vergangenheit verweilen. Ich will heute abend kein düsteres Moralisieren über uns beschwören. Wir haben uns hier nur für kurze Zeit vom Betrieb und der Hektik der Alltagsroutine zurückgezogen. Wir haben uns zusammengesetzt als Freunde, im Geist der *goodfellowship*, als Kollegen auch und in gewissem Maße auch im wohlverstandenen Geist der *camaraderie* – und last not least als Gäste der – wie soll ich's sagen? – der Drei Grazien in Dublins Musikwelt!«

Die Tafel explodierte in Applaus und herzlichem Lachen über diese Anspielung. Vergeblich fragte Tante

Julia ihre beiden Tischnachbarn, was Gabriel gesagt hätte.

»Er sagt, wir seien die Drei Grazien, Tante Julia«, rief Mary Jane herüber.

Tante Julia verstand immer noch nicht, aber sie schaute lächelnd zu Gabriel auf, der nun in derselben Stimmung fortfuhr: »Ladies and Gentlemen, ich will nun nicht versuchen, hier die Rolle des Paris zu spielen und zwischen ihnen zu wählen. Diese Aufgabe wäre äußerst schwierig und auch jenseits meiner bescheidenen Kräfte. Denn wenn ich Sie der Reihe nach anschaue: Ob es nun unsere Hauptgastgeberin ist, deren gutes, fast zu gutes Herz schon ein fester Begriff für alle, die sie kennen, geworden ist, oder ihre Schwester, die mit ewiger Jugend beschenkt zu sein scheint und deren Gesang für uns heute abend eine Überraschung, ja Offenbarung war – oder last not least die jüngste Gastgeberin, talentiert, fröhlich, fleißig und die beste aller Nichten – dann, Ladies and Gentlemen, dann weiß ich wirklich nicht, welcher von den dreien der Preis des Paris zustünde!«

Gabriel schaute zu seinen Tanten hinunter und eilte nun, da er das breite Lächeln auf Tante Julias Gesicht und die verstohlenen Tränen in Tante Kates Augenwinkeln sah, auf das Ende der Rede zu. Galant erhob er sein Glas mit Portwein und sagte laut und deutlich, nachdem jedermann sein Glas erwartungsvoll erhoben hatte: »Laßt uns auf alle drei anstoßen! Laßt uns auf ihre Gesundheit anstoßen, auf ihren Wohlstand, langes Leben, Glück und Zuversicht! Mögen sie lange noch ihre stolze und selbsterlangte berufliche Position innehaben und die Stellung von Ehre und Zuneigung, die sie in unseren Herzen erobert haben!«

Alle Gäste erhoben sich und wandten sich mit dem Glas in der Hand den drei sitzenden Ladies zu und sangen unisono, mit Mr. Browne als dem Stimmführer:

> For they are jolly gay fellows,
> For they are jolly gay fellows,
> For they are jolly gay fellows,
> Which nobody can deny.

Tante Kate machte offenherzig von ihrem Taschentuch Gebrauch, und selbst Tante Julia schien bewegt. Freddy Malins schlug den Takt mit der Puddinggabel, und die Sänger wandten sich nun einander zu wie in einer melodischen Absprache und sangen mit Inbrunst:

> Unless he tells a lie,
> Unless he tells a lie.

Dann wiederum zu den Gastgeberinnen gewandt:

> For they are jolly gay fellows,
> For they are jolly gay fellows,
> For they are jolly gay fellows,
> Which nobody can deny.

Der nun folgende Beifall wurde jenseits der Tür des Speisezimmers von vielen anderen Gästen aufgenommen und von Zeit zu Zeit erneuert.

Freddy Malins lief mit seiner Zeremoniengabel zu Hochform auf.

Drittes Kapitel

GESCHENKT

Frank O'Connor
WEIHNACHTSMORGEN

Ganz früh am Morgen wachte ich auf und spürte, daß etwas Schreckliches passiert war. Im Haus war es noch ganz still und unser kleines Kinderzimmer, das auf einen winzigen Hinterhof hinausging, noch stockduster. Nur wenn ich zum Fenster hinausspähte, sah ich, daß alle Sterne vom Himmel verschwunden waren. Ich sprang aus meinem Bett und griff nach dem Weihnachtsstrumpf, wußte aber genau, daß das Schlimmste eingetreten war. Santa Claus war gekommen, als ich schlief. Er war wieder gegangen – aber mit einer ganz falschen Vorstellung von mir. Denn alles, was er dagelassen hatte, war so ein komisches Buch, aufgeschlagen, dazu ein Bleistift und eine Zwei-Penny-Tüte mit Bonbons. Nicht einmal Schokominzen!

Einen Moment lang war ich zu benommen, um denken zu können. Dann aber dachte ich: Ein Mann, der über Dachfirste laufen und in Kaminen runtersteigen konnte, ohne steckenzubleiben – du lieber Gott, sollte der nicht besser über mich Bescheid wissen?

Jetzt war ich neugierig darauf, was mein lästiges Brüderchen Sonny bekommen hatte. Ich ging zu dessen Bett und fühlte dort nach dem Weihnachtsstrumpf. Für all seine Schönschrift und Streberei hatte er es auch nicht viel besser erwischt, denn außer den Bonbons wie bei mir war alles, was Santa Claus dagelassen hatte, ein kleines Spielzeuggewehr, womit man ein Stück Kork an einem Drahtstück abfeuern konnte. Für einen Sixpence konntest du es in jedem Laden kaufen.

Doch Moment! Schließlich war es ein Gewehr, und ein Gewehr war in jedem Fall besser als ein Buch! Die Dohertys hatten eine Bande, und diese Bande bekämpfte die Kids aus Strawberry Lane, welche auf unserer Straße kicken wollten. Da wäre das Gewehr sehr nützlich für mich, während es bei Sonny völlig witzlos war, denn den ließen sie niemals in der Bande mitspielen, selbst wenn er wollte. Er war eben ein kleiner Langweiler!

Da bekam ich eine Idee, die mir direkt vom Himmel zu kommen schien! Wenn ich einfach das Gewehr nähme und Sonny das Buch gäbe! Sonny würde es in der Bande niemals zu etwas bringen. Er war immer nur auf Schönschrift aus, und ein Streber wie er könnte doch noch viel Rechtschreiben lernen aus einem Buch wie dem meinigen! Da er den Santa Claus genausowenig wie ich gesehen hatte, würde er keinerlei Kummer haben können. Niemand hätte Schaden. Im Gegenteil: Wüßte Sonny, was für einen guten Tausch ich in seinem Sinne getan hätte, er wäre mir später dafür noch dankbar! Darauf war ich immer scharf: gut zu tauschen.

Vielleicht war das alles ja auch Santa Claus' wahre Absicht gewesen, und er hatte uns beide nur verwechselt! So ein Fehler konnte jedem passieren! Also steckte ich Buch und Bleistift in Sonnys Strumpf und das Gewehr in meinen, kroch ins Bett zurück und schlief noch eine Runde. Ja ja, damals hatte ich immer gute Ideen!

Sonny weckte mich später, schüttelte mich und rief, Santa Claus sei dagewesen und hätte mir ein Gewehr gebracht. Ich tat überrascht und sogar ein wenig enttäuscht über das Gewehr, und um ihn noch mehr abzulenken, ließ ich mir sein Bilderbuch zeigen und lobte es über den grünen Klee.

Ich wußte: Der Kleine glaubte alles, und nichts würde ihn jetzt hindern, die Geschenke Vater und Mutter zu zeigen. Das war ein banger Augenblick für mich. Nach der Weise, wie sich meine Mutter vor kurzem über mein Rumlungern aufgeregt hatte, mißtraute ich ihr etwas. Doch ich hatte ja als Trost die Überzeugung, daß die einzige Person, die gegen mich sprechen könnte, jetzt irgendwo beim Nordpol herumschwebte.

Das gab mir ein gewisses Selbstvertrauen, daher stürmten Sonny und ich mit unseren Geschenken hinein und riefen: »Schaut, was Santa Claus uns gebracht hat!«

Vater und Mutter wachten auf. Mami lächelte, aber nur für einen Moment. Als sie mich anblickte, änderte sie ihre Miene. Den Blick kannte ich, ich kannte ihn nur zu gut! Ihn hatte sie auch draufgehabt an dem Tage, als ich vom Rumlungern zu spät nach Hause kam und sie sagte, ich solle ohne Essen ins Bett.

»Larry«, sagte sie mit drohender Stimme, »woher hast du das Gewehr?«

»Santa Claus hat es in meinen Socken gesteckt, Mami«, sagte ich und versuchte, den Beleidigten zu spielen – obwohl ich nur zu gerne gewußt hätte, wie sie auf die Idee kam, daß er es nicht getan hatte. »Er hat es wirklich getan, Ehrenwort!«

»Du hast es aus dem Socken deines armen kleinen Bruders gestohlen, als er schlief«, sagte sie, und in ihrer Stimme schwang Verachtung. »Larry, Larry, wie konntest du so gemein sein?«

»Nun, nun, nun«, ließ sich mein Vater mißbilligend vernehmen, »es ist doch Weihnachtsmorgen!«

»Oho«, erwiderte sie leidenschaftlich, »da machst du es dir aber zu einfach! Denkst du etwa, ich will meinen Sohn als Lügner und Dieb aufwachsen sehen?«

»Moment mal, wieso Dieb, Liebste?« fragte er gereizt. »Bleib bitte vernünftig!« Er war immer irgendwie durcheinander, wenn man ihm seine gute Stimmung verhagelte, und außerdem hatte er ein schlechtes Gewissen wegen des Saufens am Abend zuvor. »Hier, Larry«, sagte er und langte nach dem Wechselgeld auf seinem Nachttisch, »hier ist ein Sixpence für dich und einer für Sonny. Paßt auf und verliert ihn nicht!«

Ich aber schaute auf Mutter und sah, was in ihren Augen vor sich ging. Da brach ich in Tränen aus, warf das Spielgewehr auf den Boden und rannte heulend zum Haus hinaus, bevor noch irgendeiner an der Straße wach war. Ich jagte den Pfad neben dem Haus hinauf und schmiß mich ins nasse Gras.

Jetzt verstand ich alles. Aber es war fast mehr, als ich ertragen konnte: Es gab keinen Santa Claus, wie es die Dohertys schon immer gesagt hatten; da war nur meine Mutter, die einige Münzen vom Haushaltsgeld zusammenkratzte. Und mein Vater war gemein, gewöhnlich und ein Säufer. Meine Mutter aber hatte ganz auf mich gesetzt, daß ich sie einst aus dem Elend ihres jetzigen Lebens herausholen würde. Und ich wußte, daß der Blick in ihren Augen Furcht bedeutete, die Furcht, ich könne so werden wie mein Vater: gemein, gewöhnlich und ein Säufer.

Bernard MacLaverty
EIN WEIHNACHTSGESCHENK

McGettigan erwachte im Mittagslicht, ganz steif vor Kälte. Vorige Nacht hatte er vergessen, die Tür zu schließen, und sein Mantel, mit dem er sich zugedeckt hatte, war auf den Boden gerutscht. Er griff danach, wickelte sich schlaftrunken hinein und drehte sich auf die andere Seite. Das verdammte Zittern wollte nicht aufhören. Am Fußende des Sofas sah er eine dunkelgrüne Weinflasche stehen. Auch seine Hand zitterte, als er sie nahm, um ihr Gewicht zu prüfen. Er fragte sich, ob er so viel Voraussicht gehabt hatte, einen Tropfen übrigzulassen, der ihn morgens aufwärmen konnte. Nein, die Flasche war leer. Er warf sie zu den anderen in die Ecke und stöhnte unwillig bei dem Geräusch klirrenden Glases.

Dann kam er auf die Füße und knöpfte den einzigen

Knopf seines Mantels zu. Den mittleren Teil hielt er mit den tief in den Taschen vergrabenen Händen zusammen, und so ging er auf die Straße hinaus, den Kopf gegen den schneidenden Wind gesenkt. Er brauchte dringend was zum Aufwärmen.

Seine Hand suchte in der einen Hosentasche, der ohne Loch. Er fühlte eine verkrumpelte Pfundnote und einige Münzen, gar nicht so schlecht für den Anfang. Alles okay. Niemand hatte ihn letzte Nacht gefilzt. Gestern hatte er sein Weihnachtsgeld von der Wohlfahrt bekommen, und er besaß genug, um über den Tag zu kommen. Vielleicht blieb sogar noch was für Weihnachten übrig.

Strannix' Bar lag hinter dem Gerichtsgebäude, ungefähr zwei Minuten von McGettigans Zimmer entfernt. Aber McGettigan schien es eine Ewigkeit. Sein dünner Mantel flatterte um seine Knie. Viel zu kurz für seine Länge. Viel zu kurz für den verdammten eisigen Wind. Als er die Tür aufstieß, fühlte er, wie ihn eine Welle aus Hitze, Rauch und Schnapsgerüchen umarmte. Er warf einen raschen Blick hinter die Bar. Strannix war nicht da. Bloß der Barmann, Hughie – der war in Ordnung. McGettigan stellte sich an den Tresen und schaute verfroren drein. Hughie stellte wortlos ein Glas Glühwein vor ihn hin. McGettigan zählte ein paar Geldstücke auf die Marmorscheibe, aber Hughie winkte ab.

»Fröhliche Weihnachten, alter Riese«, sagte er. McGettigan nickte nur; er war noch nicht fähig, ein Wort herauszubringen. Er nahm das dampfende Glas und trug es mit beiden Händen zu einer Bank an der Rückseite der Bar. Dort wartete er, bis es sich ein wenig abgekühlt hatte. Dann goß er es auf einmal hinunter. Er fühlte, wie sich sein Inneres belebte und gleichsam entfaltete. Etwas von dem Schmerz begann zu verschwinden. Er bestellte sich ein weiteres Glas, das er bezahlte.

Nach dem zweiten fühlte er beinahe keine Schmer-

zen mehr, und er konnte seine langen Beine ausstrek-
ken, herumschauen und seine Umgebung wahrneh-
men. Die Kneipenuhr zeigte kurz nach zwei, und in der
Bar herrschte bereits ganz schön Betrieb. Er sah nun die
Stechpalmenzweige und die bunten Girlanden und das
HAPPY X-MAS in weißer Schrift auf dem Spiegel
hinter dem Tresen. Davor standen die unterschiedlichsten Leute, Einheimische und einige vom Gericht
mit ihren Westen und gutgeschnittenen Anzügen. Es
wurden Witze gerissen und geredet und gelacht, so an-
geregt unterhielt man sich nicht alle Tage im Jahr.
Strannix ließ sich nirgends blicken, also konnte er es
riskieren, an die Bar hinüberzuwechseln. Man weiß ja
nie. Heute war so ein Tag, an dem es einem passieren
konnte, daß jemand einen ausgab.

Er stand eine Weile herum und grinste über ihre
Scherze, aber kein Mensch beachtete ihn, also kaufte er
sich noch einen Glühwein und ging an seinen Platz
zurück. Seltsam, daß er vergessen hatte, daß schon bald
wieder Weihnachten war. Naja, auch nur ein Tag wie
jeder andere. Früher waren die Weihnachten noch
schön gewesen. Es gab jedesmal eine Menge zu essen
und zu trinken. Ein Huhn, Gemüse und Kartoffeln
oder Klöße, alles auf einmal, und zum Nachtisch Plum-
pudding mit Vanillesauce. Und dann machte sich Papa,
wenn er nicht schon zu betrunken war, daran, den
Glühwein zuzubereiten. Er erhitzte einen Schürhaken,
bis er rot glühte, und wenn er ihn aus dem Kaminfeuer
zog, fiel ein feiner weißer Aschenregen auf Mamas
Teppich. Ach ja, warm hatten sie's immer gehabt an
Weihnachten, ein ordentliches, prasselndes Feuerchen.
Und dann… und dann steckte Papa den glühenden
Schürhaken in den Flaschenhals und schenkte den
dampfenden Wein in Tassen mit Zucker drin, ein Löffel
voll in jeder. Das war das Zeichen, daß alle Kinder
hinausgehen und mit ihren neuen Sachen spielen durften, bis Mitternacht, wenn sie wollten, denn Mama und

Papa tranken dann die Flasche leer und manchmal noch ein paar weitere und schliefen zuletzt in ihren Sesseln ein. Die neuen Spielzeuge waren meistens schon vor dem Schlafengehen kaputt, aber das schien niemanden zu stören, man konnte immer noch irgendwas damit anfangen. Ja, so war das damals.

Es gab auch schlechte Zeiten. Er erinnerte sich an den Weihnachtsabend, als er weinend in einer Ecke zusammengekauert auf dem kalten Linoleum lag, nachdem sein Vater ihn windelweich geprügelt hatte. Er hatte eine der Figuren aus der Krippe vom Kaminsims heruntergeworfen, aus Versehen, und sie war auf dem Herd zersprungen, in viele weiße Gipsstücke. Papa hatte die Krippe am Tag davor gekauft und etwas mehr getrunken als gewöhnlich. Er zog seinen Gürtel aus der Hose und schlug auf ihn ein, mit der Schnalle auch, das tat verdammt weh. Bis heute konnte er sich nicht daran erinnern, was für eine Krippenfigur das eigentlich gewesen war.

McGettigan war ganz froh darüber, nicht verheiratet zu sein. Er konnte sich betrinken, wann immer er Lust dazu hatte, und mußte sich keine Sorgen um irgendwelche Kinder machen. Er war sein eigener Herr. Er konnte auch allein gemütlich Weihnachten feiern. Er kramte in seinen Taschen, nahm alles Geld heraus und zählte es. Das reichte sicher für ein paar Fläschchen. Besser, er besorgte sie jetzt gleich, für alle Fälle, und ließ sie sich von Hughie auf die Seite stellen. Vielleicht blieb noch was für einen Happen zu essen übrig. Er bekam allmählich Hunger.

Er ging wieder zum Bartresen hinüber, und Hughie beugte sich etwas vor, um bei dem Lärm und Stimmengewirr zu verstehen, was er sagte. Als McGettigan seine Sammelbestellung aufgab, erinnerte ihn Hughie freundlich daran, daß es gerade erst halb drei sei. McGettigan erklärte, es handele sich um seine Weihnachtsration. Drei Flaschen Stout, drei Flaschen Wein.

»Hausmarke?« fragte Hughie und hielt lächelnd den billigsten Wein hoch, den sie im Angebot hatten. »Fein, fein«, sagte McGettigan. Hughie steckte die Flaschen in eine Tüte und verstaute sie hinter der Bar.

»Wenn der Boss kommt, sag' ihm, die sind für mich«, sagte McGettigan.

»Wenn Strannix kommt, bist *du* gleich wieder draußen«, antwortete Hughie.

Strannix war ein Widerling, und jeder wußte das. Er haßte McGettigan und meinte oft, das sei genau die Art von Gast, auf die er gut verzichten könne. Leute wie er brächten den Laden in Verruf. Er befürchtete nämlich, daß die Richter und Anwälte vom Gericht, die bei ihm verkehrten und nur vom Teuersten und Besten tranken – und davon verkehrten eine ganze Menge bei ihm –, Anstoß nehmen könnten an einem wie McGettigan. Strannix hätte seine eigene Großmutter wegen ein paar Groschen erwürgt. Unter den Anwälten machte immer der gleiche Witz die Runde, wenn sie ihren Whiskey bekamen: »Was dagegen, wenn ich etwas mehr Wasser dazugieße?« Har, har, har. Strannix hatte seine Finger überall drin. Ihm gehörte nicht nur die Bar, sondern auch noch einige Häuser in den umliegenden Straßen. McGettigan zahlte ihm eine Wuchermiete für die schäbige kleine Absteige, in der er hauste, und er zahlte ungern, aber einigermaßen regelmäßig. Denn sein Zimmer wollte er um keinen Preis verlieren. Ohne Bleibe bist du verratzt. Nee, das Zimmer war das letzte, was man ihm nehmen konnte. Dafür behielt er immer ein bißchen Geld übrig.

Das mit den Weihnachtsdrinks war also jetzt geregelt. McGettigan fühlte sich erleichtert und bestellte ein Bier. Als er zu seinem Platz zurückging, sah er Richter Boucher hereinkommen. »Frohe Weihnachten, Mr. Boucher«, ertönte ein vielstimmiger und disharmonischer Chor von der Bar her. Ein junger Anwalt, der ihm gerade besonders viel Glück und Segen gewünscht hatte, nippte augenrollend an seinem heißen Whiskey, als er sich wieder von ihm abwandte.

Richter Boucher war ein fetter Mann mit einem roten Gesicht, über das sich ein Netz aus winzigen, geplatzten purpurnen Äderchen zog. Er trug einen dicken, warmen Kamelhaarmantel und zog sich ein Paar pelzbesetzter Handschuhe aus. Als McGettigan ihn das erstemal gesehen hatte, war er sich gar nicht bewußt gewesen, daß der Richter kahl war – denn damals trug er eine Perücke und verurteilte ihn zu drei Monaten Gefängnis wegen Trunkenheit und ungebührlichen Benehmens. Nun sah ihn McGettigan seinen ersten Gin-Tonic trinken, in einem Zug, so daß die Zitronenscheibe zuletzt gegen seinen Schnurrbart stippte. Dann ließ er das leere Glas gekonnt auf Hughie zugleiten, der es nachfüllte. Richter Boucher knackte mit den Knöcheln, rieb seine Hände aneinander und bemerkte etwas über die Kälte draußen. Dann nahm er ein Stück Papier aus der Tasche und reichte es Hughie mit einem Knäuel Pfundnoten. Sah ganz so aus, als würde der Richter allen Umstehenden einen ausgeben. McGettigan erhob sich und kam näher.

»Na, Richter, wie geht's denn immer so«, sagte er so leutselig, wie er konnte. Er überragte ihn um mehr als Haupteslänge und ließ daher die Schultern etwas hängen, um den Unterschied auszugleichen.

Der Richter wandte sich um und sah zu ihm auf.

»Ah, McGettigan. Na, keine Dummheiten mehr?«

»Nie wieder, Sir. Aber zur Zeit... läuft's nicht so gut... naja, Sie wissen ja, wie das ist. Wenn ich wenigstens mal ausschlafen könnte... ich mein', genug Geld für ein Dach über dem Kopf...«, stammelte McGettigan und rieb sich das Stoppelkinn.

»Wenn Sie glauben, ich bezahl' Ihnen einen Drink, sind Sie auf dem Holzweg, Mann«, sagte der Richter unfreundlich. Dann schien ihn der Gedanke an

Weihnachten versöhnlicher zu stimmen. »Sehn Sie, genau das ist ja der Grund, warum's Ihnen so schlecht geht. Ts. Sie gefallen mir aber gar nicht. Wann haben Sie denn das letztemal was gegessen?«

»Och... eigentlich bin ich gar nicht hungrig, Eure Lordschaft«, begann McGettigan, aber der Richter schnitt ihm einfach das Wort ab und bestellte ihm eine Hackfleischpastete. Er nahm sie unter Dankesgemurmel entgegen und verzog sich wieder auf seinen Platz.

»Fröhliche Weihnachten«, rief der Richter von der Bar herüber.

In diesem Augenblick sah McGettigan Strannix hinter dem Tresen erscheinen. Strannix war unübersehbar. Ein ellenlanges Muskelpaket von einem Kerl, die Hemdsärmel aufgerollt bis zum Bizeps. Jetzt hörte man auch seine Stimme, breitester Slang aus dem Süden, beinahe zum Fürchten. Und kurz darauf hatte er auch schon McGettigan erspäht, der sich ganz klein zu machen versuchte, und zischte: »Ey, du alte Vogelscheuche da hinten! Ich dachte, ich hätte dir gesagt, wenn ich dich nochmal hier erwische...«

»Mr. Strannix«, erklang nun das volltönende Organ des Richters von der anderen Ecke des Tresens. Strannix' Miene verwandelte sich vom Wolfs- zum Schafsgesicht, als er sich eilfertig herumdrehte und auf den Richter zuschritt.

»Mr. Boucher, was kann ich für Sie tun?« fragte er. Das Gewicht hatte sich urplötzlich verlagert; nun war der Richter derjenige, dem man Rede und Antwort stehen mußte.

»Lassen Sie ihn ausnahmsweise mal«, sagte Mr. Boucher, »morgen ist Weihnachten. Friede auf Erden und den Menschen ein Wohlgefallen, und so weiter.« Er lachte laut und machte eine gnädige Geste in McGettigans Richtung. Strannix füllte das Glas des Richters erneut und wartete mit gefrorenem Lächeln auf die Bezahlung.

Gegen vier Uhr nachmittags fuhr der Wagen des Richters vor, der nach viel Händegeschüttel und Schultergeklopfe die Bar verließ. McGettigan wußte, daß es nun auch für ihn Zeit zum Aufbruch war. Strannix kam direkt auf ihn zu und forderte ihn mit einer verächtlichen Daumenbewegung auf, sich endgültig zu verziehen.

»Da ist noch 'ne Tüte mit Getränken für mich«, sagte McGettigan todesmutig, und: »Die hab ich schon bezahlt«, bevor Strannix etwas darauf erwidern konnte. Strannix ging an die Bar zurück, grapschte die Papiertüte, drückte sie McGettigan in die ausgebreiteten Arme und geleitete ihn mit Nachdruck zur Tür. Als sie hinter ihm zuging, drehte sich McGettigan noch einmal herum und rief: »Ich wünsch' dir nur, daß das dein letztes Weihnachten ist, du...«

Die Tür ging wieder auf, und Strannix streckte seinen großen, wütenden Kopf heraus. »Paß auf, was du sagst«, knurrte er, »du schuldest mir noch einiges an Miete. Ich kenne da jemanden, der sich sehr für dein Dachzimmer interessiert. Ich warte nicht mehr lange. Nur damit du Bescheid weißt.«

McGettigan spuckte auf das Pflaster, laut genug, daß Strannix es hören konnte. Es fing an zu regnen, und der dunkle Himmel schien heute rasend schnell in Nacht überzugehen. McGettigan trug die schwere Tüte in seiner Armbeuge und steckte die vor Kälte schmerzende Hand in den Mantelaufschlag. Form und Gewicht der Tüte kamen ihm irgendwie merkwürdig vor. Da war so eine dicke, fast dreieckige Flasche drin, so eine kannte er gar nicht. Hughie mußte sie verwechselt haben.

An der nächsten Straßenecke machte er halt und öffnete die Tüte. Hm. Er sah eine Flasche Whiskey, die hatte fast was Dreieckiges, und dann noch eine Flasche Wodka, zwei Flaschen Gin, eine Flasche Brandy und zwei, die sehr wahrscheinlich Tonic enthielten, so zum Mischen.

Er fing an zu laufen, so schnell er konnte. Er war nicht besonders gut in Form. Sein Atem rasselte ihm in der Kehle, seine Schuhe wogen bleischwer, sein Herz stieg wie in einem Fahrstuhl aufwärts und hämmerte ihm in den Schläfen. Das Rennen war ein einziges Stoßgebet: Herr im Himmel, laß sie mich nicht kriegen, ehe ich zu Hause bin und den Riegel vorgeschoben habe.

Dann sah er sein Haus, keuchte die Stiegen hinauf, war tatsächlich in seinen eigenen vier Wänden angekommen. Zuerst stellte er die Tüte sanft auf dem Sofa ab. Gleich darauf verriegelte er die Wohnungstür und lehnte sich, zittrig um Luft ringend, gegen das feste Holz. In Sicherheit. Als er wieder zu Atem kam, irrte er im Zwielicht umher, auf der Suche nach ein paar Nägeln, die er, er erinnerte sich dunkel, in einer Blechdose aufbewahrte. Einen Hammer besaß er nicht, aber eine alte Sichel; mit der trieb er nun die Nägel mit wilden Schlägen schräg durch die Tür in den Türrahmen und rückte noch das Sofa davor. So. Da kam so schnell keiner mehr herein. Er blickte gehetzt um sich. Mehr hatte er nicht zum Verbarrikadieren. Er setzte sich auf den Fußboden, den Rücken gegen die Wand am Fenster gelehnt, und stellte die Flaschen in einer Reihe vor sich auf, nach Größe geordnet. Als er sie aus dem Papier nahm, gaben sie sanfte Klänge von sich, wie Weihnachtsglocken. Da saß er nun und wartete in der kalten Stille auf Strannix. Es konnte nicht mehr allzulange dauern...

Aha. Wirklich nicht sehr lang. Höchstens ein paar Minuten. Er hörte schon Schritte unten im Flur. Zwei Männer kamen die Stiege herauf. Richter Boucher war dabei. Sie schlugen gegen die Tür und riefen seinen Namen. Strannix' Stimme rief: »McGettigan, wir wissen, daß du da drin bist. Und wenn du nicht rauskommst, bist du ein toter Mann.«

Die Stimme des Richters versuchte zu vermitteln.

»Mc Gettigan! Ich habe Ihnen doch ein Hackfleischpastetchen spendiert!« Er klang zutiefst gekränkt.

Aber seine Stimme ging in Strannix' Gebrüll unter.

»McGettigan! Hörst du mich? Ich weiß, daß du mich
hören kannst. Also hör genau zu: Wenn du diese Tüte
nicht auf der Stelle wieder 'rausrückst, löse ich den
Vertrag!« Für einen Moment trat Ruhe ein. Von
draußen erklang aufgeregtes und besänftigendes Gemurmel.

Dann fing Strannix wieder an zu schreien: »Hast du
mich verstanden, McGettigan? Ich löse den Vertrag!
Das heißt, ich schmeiß' dich raus, du verdammter
Mistkerl, du langes Elend, du Penner!«

Aber nach einigem Geschreie und Besänftigen und
Klopfen und Hämmern an der Tür gingen sie unverrichteter Dinge wieder fort. Ihre Stimmen und Schritte
verhallten allmählich.

McGettigan lachte, wie er seit Jahren nicht gelacht
hatte, den Kopf nach hinten geworfen, so daß sein
Scheitel die Tapete streifte. Er spielte Ene-mene-mu
mit den Flaschen vor ihm, sämtlich in Reichweite. Der
Whiskey gewann nach Punkten. Das Aufklicken des
Metallverschlusses klang für ihn weitaus hübscher als
das Entkorken einer Weinflasche. Er neckte sich selbst
ein Weilchen damit, daß er nicht gleich einen Schluck
nahm, sondern aufstand und zur Feier des Tages einen
Shilling in den Gasometer warf, um das Feuer anzuzünden. Die weißen Zählstreifen waren längst abgeblättert und heruntergefallen. Es knallte und wummerte
und dröhnte und heulte und verursachte einen
Heidenlärm, weil er so lange nicht in Betrieb genommen worden war. Aber das war gerade recht so, und er
sprang lachend und jauchzend in seinem kleinen Zimmer herum.

Dann schob McGettigan das Sofa vor den Ofen,
knüpfte die Schnürsenkel auf und ließ seine Schuhe auf
den Boden knallen. Seine großen Zehen schoben sich

weiß durch die Löcher in seinen Socken, und seine frierenden Füße wurden wärmer und qualmten in der Hitze. Die Straßenlaterne vor dem gardinenlosen Fenster warf ein unsymmetrisches Rechteck aus Licht über das Parkett. Und der Whiskey schimmerte rot und golden im Widerschein des Gasfeuers.

Er nahm die Flasche an den Hals und trank. Die aufsteigende Hitze in ihm verband sich mit der Wärme seiner aufgetauten Füße, das ergab eine hübsche Melodie. Wieder und wieder nahm er einen Schluck, und jedesmal, wenn er die Flasche absetzte, lauschte er dem musikalischen Geräusch, wie die Flüssigkeit seine Kehle hinunterrann und der Symphonie in ihm mehr Tiefe verlieh und neue Klänge hinzuzauberte. Bald verwandelte sich das Fenster in einen funkelnden Diamanten, und er fragte sich, ob im Schein der Laterne draußen silberner Regen fiel oder wundersame Schneeflocken, die Weihnachten bedeuteten. Er hörte Knabenchöre Weihnachtslieder singen und summte und dirigierte mit der einen, freien Hand.

Und sein Zimmer erblühte strahlend in der Dezemberdunkelheit.

John B. Keane
VOR VIELEN JAHREN...

Vor vielen Jahren lebte in unserer Straße eine alte Frau, die hatte nur einen einzigen Sohn, und der hieß Jack. Sein Vater war gestorben, als er noch ein Winzling war, aber Jacks Mutter ging arbeiten, um ihren Sohn und sich selbst durchzubringen.

Als Jack heranwuchs, ging sie immer noch weiter arbeiten, weil nämlich ihr Sohn die Arbeit haßte. Er war nur für drei Dinge gut: für Essen, für Rauchen und für Trinken. Aber um fair zu sein: Niemals schlug oder beleidigte er seine Mutter. Die einzige Missetat war diese: Als seine Mutter zu alt zum Arbeiten geworden war, verduftete Jack nach England. Jahre gingen ins Land, ohne daß sie je eine Nachricht von ihrem einzigen Sohn zu Gesicht bekommen hätte. Immer wenn die Weihnacht nahte, stand sie hinter ihrem Fenster und wartete auf eine Karte oder einen Brief. Sie wartete vergeblich.

Immer wenn Weihnachten in unsere Straße Einzug hielt, dann erhoben sich überall lautes Gelächter und ein ausgelassener Humor, der alte Wunden heilte und die Herzen von Jung und Alt freudig stimmte. Stellte man sich die Weihnacht in unserer Straße als Person vor, dann wäre es ein rüstiger Sechziger, strotzend vor Gesundheit, rosig und pausbäckig, mit silbernen Koteletten. Er trüge Gamaschen und einen Tweedanzug und wäre leicht angeheitert. In seinen Taschen klimperten Unmengen von Silbermünzen für die Kinder, und für die Erwachsenen schmisse er eine Party, wo er mit seinem Bäuchlein unter der Weste den Vorsitz führte, Freundlichkeit verströmend, sein Hinterteil gemütlich angewärmt vom knisternden Kaminfeuer.

Dampfender Punsch würde ausgeschenkt für jedermann, es gäbe gebratene Gänse und Enten, goldensymmetrisch dargeboten auf großen Platten, voll mit Appetit machender Kartoffelfüllung, duftend und fast aus den Bratennähten platzend. Gesungen würde und erzählt und gelacht, aber auch hier und da eine Träne geweint, wenn man auf Freunde in der Ferne anstieß. Geschenke würden ausgetauscht und gute Wünsche für jedermann, wenn Nachbarn sich umarmten und versprachen, sich gegenseitig zu helfen und Gutes zu tun in den nächsten zwölf Monaten.

Aber schau: Weihnachten ist ein Anlaß und keine

Person. Eine Person kann Dinge tun, verändern oder gar erschaffen – aber all unsere Anlässe sind nur passiv, sie sind das, was wir aus ihnen machen. Deshalb wartete Jacks alte Mutter Weihnacht für Weihnacht auf ein Wort ihres verlorenen Sohnes. An anderen Haustüren wurden dicke Einschreibebriefe abgegeben von lieben Menschen in der Ferne, die an ihre Leute daheim gedacht hatten. Da waren vollgeklebte, verkrumpelte Umschläge aus Amerika mit vornehmen rechteckigen Schecks darin: Augenfreude und Seelenbalsam gleichzeitig. Päckchen und Pakete gab es in allen Formen und Größen, so daß jedes Haus ein regelrechtes Warenhaus wurde – bis der große Tag kam, an dem alle diese Güter verteilt wurden.

Nun war es so, daß in unserer Straße ein Postbote seinen Dienst tat, der viel mehr über die Bewohner wußte als diese über sich selbst. Wenn Weihnachten nahte, war er beladen mit Taschen voller Briefe und Pakete. Die Leute warteten auf sein Erscheinen wie Kinder auf den Bischof am Tag ihrer Firmung. Er war auch nicht abgeneigt gegen ein Gläschen, wo es ihm freundlich angeboten wurde – aber Gläschen oder nicht, der Mann hatte immer ein Gespür für die Bedürfnisse von anderen. In seinem Herzen lebte der Geist von Weihnachten.

Immer wenn er zu dem Haus kam, wo die arme alte einsame Frau wohnte, kroch er auf allen vieren unter deren Fenster durch. Er brachte es nicht übers Herz, einfach vorbeizugehen und von ihr gesehen zu werden. Er haßte es, Leute zu enttäuschen, besonders alte Leute. Die Frau aber bezog die ganze Woche vor Weihnachten Position hinter ihren verschlissenen Vorhängen und wartete auf den Brief, der niemals kam.

Schließlich konnte der Postbote es nicht länger ertragen. Am Vorweihnachtsabend lieferte er an unserer Haustür eine ganze Kollektion von Karten und Briefen ab. Einige kamen aus England. Da bat er um einen der

Umschläge, nachdem dessen Inhalt herausgenommen war. Er schrieb Name und Adresse um und legte einen Zettel bei mit wenigen Worten und der Unterschrift »Dein Dich liebender Sohn Jack«. Dann nahm er eine Zehnschillingnote aus seinem Geldbeutel (damals eine ansehnliche Summe Geldes) und steckte sie in den Umschlag.

Es bestand keine Gefahr, daß die alte Frau die Handschrift irgendwie identifizieren könnte; denn wenn Jack auch einiges konnte (sei es auch sehr wenig, wie schon erwähnt), so konnte er anderes überhaupt nicht, und dazu gehörte Schreiben. Tatsächlich war er nicht einmal in der Lage gewesen, seinen eigenen Namen zu schreiben.

Als der Postbote die Tür der alten Frau erreichte, klopfte er laut und vernehmlich. Als sie öffnete, setzte er seine beste Amtsmiene auf und sagte ganz offiziell: »Bitte unterschreiben Sie hier, Gnädigste!«

Die Alte unterzeichnete und öffnete den Umschlag. Tränen schossen ihr in die Augen, und sie rief laut aus: »Ich schwöre zu Gott. Jack ist jetzt ein Studierter!«

»Recht haben Sie«, sagte der Postbote, »und ich möchte sogar behaupten: Er konnte gar nicht in Verbindung mit Ihnen treten, bevor er nicht schreiben lernte.«

»Ich wußte immer, daß ein guter Kern in ihm steckt«, erwiderte sie, »ich wußte es immer!«

»In jedem Menschen steckt ein guter Kern, Gnädigste«, sagte der Postbote, als er zum nächsten Haus weiterging.

Die Botschaft verbreitete sich wie ein Lauffeuer in unserer Straße, und in der nächsten und letzten Post vor dem Fest gab es eine ganze Reihe von Päckchen für die alte Frau. Wahrscheinlich war es das schönste Weihnachtsfest, das unsere Straße je gesehen hat.

Wir wären nicht im Traum darauf gekommen, die Wochen oder Monate bis Ostern, Pfingsten oder St. Patrick's Day zu zählen, aber wir wußten jedes Jahr ganz genau, wann es noch zwölf Wochen bis Weihnachten waren. Denn dann gab es in Clarke's Süß- und Spielwarenladen plötzlich eine Riesenauswahl der tollsten Spielsachen, die in beiden Schaufenstern zu bestaunen waren. Jedes Ausstellungsstück hatte sein eigenes Preisschild und erzählte seine eigene Geschichte.

Ein rotes Feuerwehrauto mit gelber Leiter: drei Schillinge (oder von jetzt an jede Woche drei Pennies vom Taschengeld abgezwackt, und Weihnachten gehört es dir). Ein Schwarm von Kindern drückte sich ab Ende Oktober die Nasen an diesen Schaufenstern platt, und die kalte Oktoberluft stieg in Dampfwolken aus unseren Nasen und Mündern vor den Scheiben auf. Wenn sie beschlugen, wischten wir sie mit den Ärmeln unserer Mäntel klar und lauschten dem Chor vieler Stimmen, die alle durcheinanderriefen: »Das kriege ich, und das da, vielleicht das, aber das ganz bestimmt.«

Der Zwölf-Wochen-vor-Weihnachten-Plan der Firma Clarke ging jedes Jahr auf. Und das war gut so. Ohne diese geschickte Werbemaßnahme hätte wohl manches Kind in Inchicore und Kilmainham am Weihnachtsmorgen überhaupt kein Spielzeug bekommen. Auch vom erzieherischen Standpunkt aus war eigentlich nichts daran auszusetzen. Selten gab es artigere und bravere Kinder als in jenen Wochen. Sie gingen Sonntag morgens folgsam mit ihren Eltern zur Kirche, denn von der St. Michael's Church waren es nur ein paar Schritte zum Spielwarengeschäft, und auch wochentags ließen wir kaum eine Gelegenheit aus, ir-

gendwie in die Stadt zu kommen, um nachzuschauen, ob gerade das, was wir am Weihnachtsmorgen sehnlichst im Strumpf am Bettende vorzufinden hofften, noch da war. Wenn es fehlte, konnten wir uns wenigstens an die Hoffnung klammern, daß jemand es für uns gekauft hatte.

Am Tag vor Weihnachten kam immer das Dienstmädchen von nebenan vorbei, um mir zu helfen, den Brief an den Weihnachtsmann aufzusetzen. Sie diktierte mir alles und schrieb die Adresse auf den Umschlag. Diesmal bestand sie aus mir völlig unerfindlichen Gründen darauf, daß ich mir den blauen Rennwagen mit der Nummer 30 wünschen sollte, bloß weil das unsere Hausnummer war. Ich schlug ihr den Stift aus der Hand.

»Ich will aber das rote Feuerwehrauto mit der gelben Leiter«, rief ich, »und keinen doofen blauen Rennwagen, und wenn da tausendmal unsere Hausnummer draufsteht.«

Die gute Seele, sie ist jetzt Nonne bei der Armenfür-
sorge in Belfast, hatte es damals wirklich nicht leicht
mit mir. Aber zu unserem schlimmsten Krach kam es
an diesem einen Tag vor Weihnachten, als ich wutent-
brannt die Treppe hinauflief und durchs Haus brüllte,
daß ich die ganze Nacht wach bleiben würde. Und
wenn dieser olle Knacker von einem Weihnachtsmann
es wagte, mir seinen doofen blauen Rennwagen anzu-
drehen, dann sollte er was erleben, dann kriegte er von
mir so einen Tritt sonstwohin!

Ich weiß noch, wie ich in jener Nacht gegen das
Sandmännchen ankämpfte. Das war dieses unsichtbare
Kerlchen, das sich, wenn es dunkel wurde, in fremden
Häusern herumtrieb und den Leuten Sand in die
Augen streute, um sie einzuschläfern. Oder blind zu
machen, wenn es mal zuviel Sand erwischte. Na,
jedenfalls behielt das Sandmännchen wieder mal die
Oberhand, und als ich am nächsten Morgen aufwache,
was sehe ich, ragt da doch tatsächlich der saublöde
blaue Rennwagen aus dem Strumpf am Bett!

Ich war völlig außer mir und fluchte, was das Zeug
hielt. Ich wünschte dem Weihnachtsmann, daß er mit
einem Schornstein zusammenstieß und mitsamt seinem
Rentierschlitten eine saubere Crashlandung hinlegte.
Da entdeckte ich die Mundharmonika und die Süßigkeiten in dem anderen Strumpf. Später sagte man mir,
daß der Weihnachtsmann mir damit zeigen wollte, wie
leid es ihm täte. Aber er habe eben nun mal bloß *ein*
rotes Feuerwehrauto mit gelber Leiter dabeigehabt, und
das sei für einen ganz armen kleinen Jungen bestimmt
gewesen, der keinen Papi und keine Mami mehr hatte.

»Du hast zwar auch keinen Papi«, meinte meine
Mutter, » – und der soll sich hier lieber nicht blicken
lassen, wenn er weiß, was gut für ihn ist –, aber dafür
hast du ja mich.«

»Stimmt«, sagte ich und dachte daran, was Toby, mein
Kumpel, mir ein paar Tage vor Weihnachten gesagt

hatte: »Mann, du hast's echt gut erwischt. Keinen Alten, und lebst mit drei Frauen zusammen.« Damit meinte er meine Mutter und ihre beiden Schwestern, meine Tanten, die bei uns wohnten.

»Und dann«, hatte er hinzugefügt, »sind drei Mamis immer noch zehnmal besser als ein Vati. Meinen kriege ich kaum zu sehen, außer wenn er sturzbesoffen nach Hause kommt und versucht, uns allen 'ne Abreibung zu verpassen. Aber er haut jedesmal daneben.«

»Meine Mami und die Tanten sind nie sturzbesoffen«, sagte ich nachdenklich. »Schade eigentlich. Die hauen nie daneben, wenn ich was ausgefressen habe.«

An diesem Weihnachtsmorgen rannte ich nach der Kirche zu Clarke's Spielwarenladen 'rüber. Beide Schaufenster waren leer. Das rote Feuerwehrauto mit der gelben Leiter war verschwunden. Die alte Mrs. Clarke, Gott hab sie selig, konnte mir nur sagen, daß der Weihnachtsmann letzte Nacht alles Spielzeug eingesammelt und mitgenommen hätte. Sie wußte auch nicht, wo der arme kleine Junge wohnte, der jetzt mit meinem Feuerwehrauto spielte.

Ich glaube, das war das einzige Weihnachten, an dem ich so richtig enttäuscht war. Im Jahr darauf bekam ich dann tatsächlich das rote Feuerwehrauto mit der gelben Leiter. Und ich fragte mich, ob der arme kleine Junge diesmal einen blauen Rennwagen gekriegt hatte. Nicht, daß ich ihm den gegönnt hätte.

Viertes Kapitel

IN LETZTER MINUTE

Francis MacManus
Kein schlechtes Schiff, Kameraden!

Irgendwo in der Grafschaft Kildare wurden wir dann
alle so aufgebracht wie eine Busladung voll fauchender
Katzen. Vielleicht war die eingeschlossene Luft daran
schuld, eine Mischung aus Tabaksqualm und feuchten
Kleidern, vielleicht auch der drückende Nebel, durch
den der Autobus wie ein Unterseeboot durch trübes
Wasser zu wackeln schien; vielleicht war unsre erste Begeisterung, am Heiligen Abend noch rechtzeitig heim-
kehren zu können, schon etwas verflogen, so daß wir
nun verfroren, mißmutig und müde inmitten unsrer
Päckchen im vollbesetzten Autobus saßen – doch vor
allem war es wegen des Matrosen.

Er schwankte im Gang auf und ab – eine Plage für
alle Mitreisenden. Offenbar war er etwas angesäuselt,
und das hatte ihn in glänzendste Stimmung versetzt. Er
war alt, ein kleines Männchen mit langer Nase, blaß,
und mit einem etwas schmuddeligen Sweater bekleidet.
Bei seinen Anbiederungsversuchen stieß er gegen die
unglücklichen Stehplatz-Inhaber, die an Ledergriffen
hingen, oder er trampelte den Sitzenden auf die Füße
und haschte, wenn er den Halt verlor, einfach nach irgendeiner Schulter oder Hand.

»Wie geht's, wie steht's, alter Knabe? Fröhliche
Weihnachten, mein Junge! Komm, gib Pfote, Freund-
chen: mein Schiff ist nämlich abgesoffen, jetzt geht's
heim! Hah, seht mal die Miss! Sie ist die Schönheits-
königin, was, Leute? Nicht bös gemeint, Miss! Hoppla,
Verzeihung, Sir, aber das verflixte Schiff schlingert so!«

Auf und ab ging er, emsig die Fahrgäste begrüßend,
deren Gesichter so freudlos wie Talg aussahen, und
schnatterte mit allen so zutraulich wie ein Kind. Bei jeder Haltestelle ging er zum Schaffner und wünschte
ihm frohe Feiertage.

Als er im Begriff war, einer andern Schönheit Komplimente zu machen, bog der Bus um eine Kurve, und der Matrose verlor den Boden unter den Füßen und schlug längelang hin. Ein paar Sekunden lang herrschte Schweigen, und wir atmeten erleichtert auf, denn anscheinend blieb er liegen.

»Endlich haben wir Ruhe vor ihm!« rief eine gereizte Stimme.

Doch vom Fußboden erhob sich — nicht etwa der Matrose, sondern ein Ausbruch von Seemannsflüchen, die er wohl in Port Said, Marseille, Port of London, Panama, Kapstadt, Singapur und Hongkong aufgelesen haben mußte.

»Oh!« rief eine zimperliche Dame im Tweedkostüm und hielt sich die Ohren zu, »das ist zuviel! Werfen Sie ihn raus, Schaffner!«

Der Autobus wackelte nicht länger durch den Nebel: er hielt mit einem Ruck. Nur der Motor summte weiter. Wir standen alle auf und wollten zuschauen, wie der Matrose über Bord geworfen wurde.

Aber er war schon wieder auf den Beinen und versicherte uns: »Seeminen, Kameraden! Seeminen! U-Boote auf Steuerbord! Donks, Fowler, Ackroyd, MacGrath! Raus aus der Koje, ihr faulen Schlafpelze!«

Der Schaffner war ausgestiegen und außenherum zum Fahrer gegangen. Der Nebel strudelte in den Bus hinein. Wir fröstelten und krochen in uns zusammen. Sogar der Matrose wurde still, je mehr Zeit verstrich.

Dann kehrte der Schaffner zurück, und während der Bus in noch langsamerem Tempo als vorher weiterschlich, hing der Schaffner in der offenen Tür und spähte in den Nebel hinaus.

»Wir kommen bestimmt zu spät nach Hause!« jammerte die schöne junge Dame. »Wir haben schon eine Stunde Verspätung! Und das muß mir am Heiligen Abend passieren!«

Der Bus hielt abermals, und der Fahrer verschwand zusammen mit dem Schaffner im undurchdringlichen Nebel.

»Deserteure!« rief der Matrose ihnen nach. »Feige Deserteure!«

»Sie suchen ein Wirtshaus für den Weihnachtspunsch!« tröstete ich die andern.

»Wir saufen ab, Kameraden, übers Heck!« rief der Matrose. »In die Boote! Der Kahn ist zu morsch! Vergeßt nicht den Papagei!«

Doch da kletterten der Fahrer und der Schaffner wieder in den Bus. Der Fahrer fragte nervös: »Hat jemand von Ihnen eine Landkarte bei sich? Eine Straßenkarte?«

Köpfe wurden geschüttelt. Wir sahen uns argwöhnisch an. »Was ist los?«

Der Fahrer zwängte sich wieder hinaus. »Haben wir eine Panne, Schaffner?« fragte die Dame im Tweedkostüm. »Oder haben Sie sich verfahren?«

Der Schaffner wurde verlegen. »So ungefähr. Der Nebel ist so dick wie Suppe. Wir sind in die falsche Abzweigung eingebogen.«

»Unglaublich!« – »Dabei ist's schon acht Uhr!« – »Am Heiligen Abend!« – »Sollen wir die ganze Nacht hier bleiben?« – »Wo sind wir denn jetzt?« – »Können Sie sich nicht irgendwo erkundigen?«

»Wo denn? Wo?« antwortete der Fahrer patzig. »Vielleicht können ein paar von Ihnen aussteigen und sehen, ob Sie sich auskennen?«

Wir froren ohnehin, also stiegen wir aus und liefen auf der Landstraße hin und her. Die Scheinwerfer vom Bus waren wie verschleiert. Der Matrose stellte sich vor den Fahrer und den Schaffner und beschimpfte sie.

»Ach, hau ab, Matrose! Kannst nicht mal die Sterne sehen!« höhnte der Fahrer.

»Ihr Brüder würdet bald genug die Sterne sehen, wenn ihr das tun würdet, was ich euch sage. Die Straße steigt hier nämlich an, also sind wir bald aus dem Nebelkissen raus!«

Der Fahrer schleuderte seine Zigarette weg. »Alle Mann rein in den Bus!« Zähneklappernd stiegen wir ein. »Wo ist der Matrose?«

Aus dem Nebel drang eine Stimme. »Ahoi, da vorne!« Nach einer Minute erschien der Matrose.

»Also dann zeigen Sie uns mal die Sterne!«

»*Aye, aye,* Sir!« Er tippte mit dem Finger an seine Mütze, zottelte durch den Bus, klopfte der jungen Schönheit tröstend auf die Schulter und pochte an die Scheibe hinter dem Fahrer. Er wechselte ein paar Worte mit ihm, und dann wurde die rechte Fensterscheibe heruntergekurbelt.

Der Bus schlich weiter, und der Matrose klemmte sich halb zum Fenster hinaus. Er sprach. Wir konnten nur vereinzelte Worte hören, dazwischen Fetzen eines Liedes, das die kreischende Gangschaltung übertönte.

Ein Mann schimpfte: »Schluß mit dem Unfug, Schaffner! Machen Sie gefälligst das Fenster zu!«

»Mir ist eiskalt«, klagte eine Frau.

Einen Augenblick zog der Matrose den Kopf ein. »Was höre ich da? He? Meuterei? Legt dem Mann die Handschellen an!«

Der Autobus schnaufte mühsam bergauf. Gott allein mochte wissen, auf welchem Fleck eines irischen Hochmoors wir uns befanden. Wir krochen in uns hinein, um das Fünkchen Wärme zu behalten, das wir noch im Leibe spürten.

»Der Nebel lichtet sich!«

»Tatsächlich!«

Wir hörten, wie der Matrose jauchzte und dann etwas von Steuerruder und Steuerbord und Backbord und Nord-Nord-Ost schrie. Die junge Dame stieß ein verrücktes Gelächter aus, weil der Bus plötzlich den Gang wechselte und in raschem Tempo losfuhr.

Der Fahrer drehte sich grinsend um und winkte mit der Hand. Der Schaffner lupfte die Mütze. »Brav gemacht, Sailor-Boy!«

»Acht Glasen!« rief der Matrose. Sogar wir Landratten wußten, daß es »Ende der Wache« bedeutete. Wir verrenkten uns den Hals und sahen den strahlenden Nachthimmel. Über dem himmelwärts gewandten Gesicht des Matrosen funkelte der Polarstern.

»Er richtet sich nach den Sternen! Ist ja ein Genie, der Mann!« sagte einer von uns.

Kurz vor seinem Reiseziel schwankte er zum letztenmal durch den Bus, zwischen lauter ausgestreckten Händen hindurch, die ihm die Hand drücken wollten.

»Ich bin zu Hause, Kameraden! Mein Schiff ist abgesoffen – es war meine letzte Fahrt! Hab' all meinen Zaster verloren!« Er kehrte das Futter seiner leeren Taschen um.

Was taten wir also? Ein Hut machte die Runde, vom ersten bis zum letzten Platz, und es regnete Silber.

»Kein schlechtes Schiff, Kameraden«, sagte er, als er ausstieg, hinunter in das Dunkel der Heiligen Nacht.

Brendan Behan
DIENST AM NÄCHSTEN

Eines Heiligabends, weder dieses noch letztes Jahr, fuhr einmal ein Mann aus Cloghran, County Dublin, auf einem Pferdekarren nach Dublin, um seine Weihnachtsgeschäfte zu tätigen: zu kaufen und zu verkaufen.

Als er nach Santry, County Dublin, kam, fiel ihm ein, daß ein alter Nachbar bei sich zu Hause aufgebahrt lag, und so ging er in jenes Haus, um ihm die letzte Ehre zu erweisen, und nachdem er allen sein herzliches Beileid bekundet hatte, fragte er, ob er ihnen auf irgendeine Weise praktisch behilflich sein könne.

»Nun ja, wenn's Ihnen nichts ausmacht, könnten Sie den Sarg abholen; er ist schon fertig ausgemessen und gezimmert. Das wäre uns eine große Hilfe.«

»Es macht mir durchaus nichts aus, Ihnen den Sarg mitzubringen; allerdings komme ich erst ziemlich spät zurück, weil ich meiner Frau den Einkauf besorgen muß. Ich hab' einen Einkaufszettel, so lang wie Ihr Arm: Naschwerk für die Kinder, Schnupftabak für ihren Alten, englischer Kuchen, ein Krug Whiskey, zwei Flaschen Portwein, Schnupftabak für meinen Alten, ein Halsband für den Hund, eine große rote Kerze zum Ins-Fenster-stellen, eine Zugabe Tabak für mich, ein Fäßchen Porter, zwei Puppen, die Mama sagen, eine Spielzeugeisenbahn, ein Schachtelteufel, ein Kletteraffe, zwei Heiligenbilder, Speck-schnitten, Blutwurst und verschiedene andere Eß-waren, deren Aufzählung zu lange in Anspruch nehmen würde. Aber ich pack' den Sarg einfach obenauf und werd' ihn wie meinen eigenen Augapfel hüten. Das ist mein Weihnachts- und Neujahrsgeschenk für meinen armen alten Nachbarn, und mir selbst tu' ich damit ja auch einen Gefallen, weil mir das Glück bringt.«

So zockelte er denn von Santry, County Dublin, in die Stadt, vorbei an Ellenfield und Larkhill, unter den hohen Bäumen hindurch, und eben wollte die Sonne einen schwachen Anlauf nehmen und sich hervorwagen, doch als sie das Wetter sah, in das sie da hineingeriet, verlor sie den Mut und verzog sich wieder, bis der Mann zur Endstation der Elektrischen in Whitehall gelangte, wo die Fahrgäste sich gerade bereit machten, die Sieben-Uhr-Bahn in die Stadt zu besteigen.

»Morgen, Mick«, schreit der Straßenbahnfahrer, eine Atemwolke vor dem Mund, »na, wie sieht's aus?«

»Wenn's mir noch besser ginge, wär's gar nicht mehr zum Aushalten«, schreit Mick von seinem Karren.

»Dann laß dir's noch besser gehen«, schreit der Straßenbahnfahrer zurück, »und außerdem ein frohes Weihnachtsfest!«

»Dir auch, und noch viele Feste danach«, schreit Mick, und ab geht's die Drumcondra Road hinunter.

So fuhr er denn in die Stadt, über die Binn's Bridge und zum Markt. Vor dem Mittagessen hatte er seine Siebensachen verkauft und verlegte sich aufs Kaufen.

Er mußte so manchen Laden aufsuchen und begegnete diesem und jenem, aber von wenigen Unterbrechungen abgesehen, hatte er bis zum Abend alles eingekauft, den Sarg abgeholt und mit dem übrigen Zeug auf den Karren geladen. Es war düster und kalt, und die Schneeflocken begannen ihm in den Nacken zu fallen, aber er schlug den Kragen hoch, und weil er eine Menge vom richtigen Stoff im Magen hatte, fing er an, ein Liedchen vor sich hin zu trällern, nämlich die Weise ›Eile zur Hochzeit‹:

Drüben bei Mick Friar, auf Owens Hochzeitsfeier,
Fordern uns zwei Burschen auf zum Reel,
Sag' ich: »Tut uns leid«, drauf sie: »Vermaledeit!«
»Ich spiel' auch ganz zivil«, meint Larry O'Neill.

Da stehn wir auf und steppen
und tanzen wie die Deppen,
Hüpfen und stampfen nach den neuesten Moden.
Die Molly, ganz schwank,
stürzt gegen den Schrank,
Und ich stolpere über ein Balg auf dem Boden.

Sagt sie zu mir: »Mensch, hast du Schwung.«
Sag' ich zu ihr: »Dir fehlt's
auch nicht an Schneid.«

Sagt sie zu mir: »Du bist so richtig jung.«
Sag' ich: »Mädel, zum Altsein
ist immer noch Zeit.«

So verkürzte sich Mick mit ein paar Takten Musik und ein paar aufmunternden Worten an den alten Klepper den Weg durch den Schnee und die Finsternis, bis er wieder nach Santry, County Dublin, kam.

Da gab's Licht und Qualm und Gläsergeklirr, und irgend jemand sang die Ballade ›Der beherzte Pächter‹, und Mick, der schließlich auch nur ein Mensch war, beschloß, ein letztes Mal einzukehren und dem Wirt seine Aufwartung zu machen.

Aber hinein ging sich's ein bißchen leichter als wieder heraus, denn eine Gruppe von der anderen Seite der Grafschaft, die Doyles vom Hügel von Kilmashogue, spendierte eine Runde nach der anderen: der Trommler Doyle, der Dandy Doyle, Hängebacken-Doyle, Dreher Doyle, der Tänzer Doyle, Ellbogen-Doyle, der Ministrant Doyle, Hackebeilchen-Doyle, Hätschel-Doyle, der Rebell Doyle, Onkel Doyle, der Schäfer Doyle, Hurra-Doyle und Schnapsnasen-Doyle.

Das war ein Singen und Aufreißen von Wunden, und auf beiden Seiten sind Bürger fürs Vaterland gestorben, und wer hat den Nigger auf der Naas Road erschossen, und ich hab' als erster 'n Affen in die Mülltonne gesteckt und hab' keinen Kratzer abgekriegt, und der da kann's bezeugen, soll mir die Lüge im Hals steckenbleiben, und es lebe meine Heimat, und mein Blut ist in meinen Knöcheln. »Ich geb' 'nen Dreck auf euch und eure Königin, ich steh' zu meinen Farben, der Harfe und dem Grün.«

Als er sich auf der Straße wiederfand, war Mick, wie man so schön sagt, *maith go leór**, aber es verlief alles glimpflich, bis er in die Nähe von Cloghran kam.

---

* etwa: nur so halbwegs beieinander

Nämlich als er hinter sich blickte, sah er: der Sarg war weg! Weg wie Lord Norbury, nachdem ihn der Teufel geholt hatte!

Ach je, was sollte er jetzt nur anfangen? Er blieb eine Minute auf dem Karren sitzen und überlegte, wie er dem Mann ins Auge sehen sollte, wenn er ihm gestehen mußte, daß er ihn im Stich gelassen und der Familie keinen Dienst erwiesen hatte, wo sie doch genug Sorgen hatte diese Weihnachten.

Aber vom bloßen Hingucken ist noch kein Schwein fett geworden, also stieg er ab und lief den Weg zurück in Richtung Stadt. Wie er so im Schnee herumstiefelte, kam ihm ein königlich irischer Konstabler von der Kaserne in Santry entgegen.

»He, Sie da, was treiben Sie da zu so nachtschlafender Stunde?«

»Ich hab' gerade einen Sarg verloren, Wachtmeister«, sagt Mick.

»Die verkaufen einem wirklich furchtbar übles Zeug um diese Jahreszeit«, seufzt der Polizist und ergreift Mick am Arm. »Los, los, mein Guter, Sie kommen jetzt mal hübsch mit mir mit, bis wir eine Untersuchung über Ihre Umtriebe in Gang gesetzt haben.«

Der arme Mick war zu mutlos, um Widerstand zu leisten, und traurig und ernüchtert trottete er durch den Schnee, bis sie zur Kaserne gelangten. Sie betraten die Wachstube, und der Konstabler sagte zum Sergeanten: »Ich hab' hier ein verdächtiges Subjekt, das sich draußen herumgetrieben hat und behauptet, einen Sarg verloren zu haben.«

»Das kann gut sein«, erwiderte der Sergeant, »wir haben nämlich einen gefunden. Da steht er, hinter der Tür.«

Sie schauten sich um, und Micks Miene leuchtete auf vor Freude und Erleichterung. »Gelobt sei der Herr«, sagte er, sprang auf den Sarg zu und schlang seine Arme um ihn. »Da ist er ja, mein lieber Sarg.«

Er erläuterte ihnen die näheren Umstände, wurde entlassen und trug den Sarg zu seinem Karren zurück.

»Geben Sie in Zukunft aber besser acht«, sagten der Konstabler und der Sergeant in der Tür.

»Mir hätt's ja nichts ausgemacht«, versetzte Mick. »Nur ist es eben nicht mein Sarg. Gute Nacht und fröhliche Weihnachten Ihnen allen.«

David Park
ENGEL

Der spröde Toast ging unter dem Buttermesser entzwei und zerbröckelte auf dem Teller wie ein auseinanderfallendes Puzzlespiel. Der Frühstückstisch war noch nicht abgeräumt, ein leeres Schlachtfeld mit Marmeladespritzern und Brotrinden, die aussahen wie braune, lachende, zahnlose Mündchen. Aus dem Radio dröhnte ein Durcheinander von Stimmen zu einem mißtönenden Rhythmus, der ihm ins Hirn hämmerte. Er bestrich die Toastfragmente mit Butter und aß sie mit geräuschvollem Knuspern, eins nach dem anderen. Ab und zu nippte er an seinem lauwarmen Kaffee. Sein Kopf war dumpf und schwer, er fühlte sich unausgeschlafen, und jeder Schluck schmeckte bitterer als der letzte. Obwohl es schon ziemlich spät war, konnte er sich nicht zur Eile aufraffen. Er würde es einfach auf den Morgenverkehr schieben. Seine Zunge klebte dick und pelzig am Gaumen. Er wußte, es gab nur ein Mittel, das gegen diesen Zustand half, aber dafür war es wiederum zu früh.

Er starrte auf die matschigen Cornflakes, die im Teller seiner Tochter schwammen, und fragte sich, warum sie es nie schaffte, irgend etwas zu Ende zu bringen.

Je älter sie wurde, desto mehr schien das Haus ständig von Musik erfüllt. Von morgens bis abends dieses Pop-Gedudel – aber er nahm an, das war noch harmlos. Es gab Eltern, die ganz andere Sorgen mit ihren Kindern hatten. Trotzdem, sie wuchs erstaunlich rasch, wurde beängstigend schnell erwachsen – er wußte gar nicht, wo all die Jahre geblieben waren. Gerade eben noch ein Kind, das Schlafzimmer voller Disney-Figuren... und dann, von einem Moment auf den anderen, ein Teenager, der sich Poster von Popstars an die Wände hängte, von denen er nie gehört hatte. Nächstes Jahr kam sie auf die Höhere Schule, und etwas in ihm sträubte sich dagegen, als bezeichne dieser Wechsel endgültig das Ende ihrer Kindheit, die er eigentlich gar nicht missen mochte. Jedenfalls nicht so abrupt. Sie hatte sich bereits verändert, war viel launischer und selbstbewußter geworden. Es bekümmerte ihn, daß sie bald nicht mehr so auf ihn angewiesen sein würde; daß es von nun an andere, wichtigere Dinge im Leben für sie gab, immer mehr. Er fühlte sich etwas vernachlässigt, ins Abseits gedrängt. Wo steckte sie bloß? Wahrscheinlich suchte sie nach irgendeinem Gegenstand, den sie verlegt hatte, einem Schulheft oder einem Stift. Diese ewige Schusseligkeit! Aber das hatte sie wohl von ihm. Der Kaffee schmeckte immer bitterer. Er setzte die Tasse ab. Das Geräusch, als sich Tasse und Untertasse berührten, klang auf eine ungemütliche Art endgültig.

»Brauchst du was aus der Stadt, Tom? Ich nehme jetzt Paula zur Schule mit.«

Er schüttelte den Kopf und stand vom Tisch auf, als ob er ebenfalls im Begriffe sei, aufzubrechen.

»He, und vergiß nicht ...«, ihre Stimme sank zu einem Flüstern, » ... bei Johnstone's vorbeizuschauen und ihnen zu sagen, daß das Fahrrad spätestens morgen

nachmittag geliefert werden muß – das ist die einzige
Zeit, wo wir es in die Garage stellen können, ohne daß
Paula was davon mitkriegt. Und, Tom, bitte: denk an
heute abend, ja? Du weißt, wie wichtig das für sie ist.«

»Jaja, hör schon auf, Claire. Das werde ich wohl noch
behalten.«

Er spürte, daß sie noch etwas dazu sagen wollte, aber
sie überlegte es sich anders und ersparte sich einen
Kommentar. Dabei wußte er genau, daß sie ihm am
liebsten seine früheren Vergeßlichkeiten aufgezählt
hätte. Oh, dafür besaß sie ein glänzendes Gedächtnis, für
all die Versäumnisse, die er sich während ihrer Ehe
schon geleistet, die unzähligen Male, als er irgendwas
vergessen hatte. Heute morgen hatte er jedenfalls weder
Kraft noch Lust, eine Standpauke über sich ergehen zu
lassen. Darum trug er brav sein Kaffeegeschirr zum
Ausguß, spülte es ab und rang um ein paar aufbauende
Worte, die ihre Bedenken zerstreuen sollten.

»Also abgemacht. Kannst dich hundertprozentig auf
mich verlassen. Wenn mein kleines Mädchen auf die
Bühne kommt und singt, stehe ich in der vordersten
Reihe. Ist doch Ehrensache! Und das mit dem Fahrrad
geht auch klar. Der Weihnachtsmann hat ein gutes
Gedächtnis. Der vergißt nicht die kleinste Kleinigkeit.«

Sein Versuch, komisch zu wirken, hatte nicht den
gewünschten Effekt; statt dessen trat eisige Stille ein.
Aber da kam ihre Tochter ins Zimmer gestürmt, die
sich den Schulranzen umschnallte und einen Wollschal
hinter sich herwirbelte wie den Schwanz eines Papier-
drachens. Sie hakte peinlich genau an der Stelle ein, an
der ihre Mutter unterbrochen worden war:

»Du kommst doch bestimmt, oder, Daddy? Und sei
bitte pünktlich, okay? Gleich nach dem Feuerwerk
geht's los, direkt vor dem Rathaus. Da, wo der große
Weihnachtsbaum steht.«

Er nahm das baumelnde Schalende und wickelte es
ihr liebevoll um den Hals.

»Aber Engelchen, du glaubst doch nicht im Ernst, daß ich deinen Auftritt verpasse! Keine zehn Pferde könnten mich davon abhalten, dich heute abend singen zu hören. Kannst du deinen Text?«

»Klar – du hörst mich doch schon die ganze Woche üben. Ist ja nur ein Vers, den ich allein vortragen muß.«

»Nicht aufgeregt sein, Liebes – nur die Ruhe – du schaffst es – du stehst einfach auf und tust dein Bestes ...«

Aber er merkte, daß sie seinen Ratschlägen gar nicht mehr zuhörte. Er kramte in seinen Taschen nach ein bißchen Geld, das er ihr zustecken wollte, fand aber nur Schlüssel, eine Busfahrkarte und ein paar ungültige Stimmzettel von der letzten Kommunalwahl. Ihre Mutter rief schon aus dem Flur nach ihr, und sie blieb gerade so lange, um ihm ein flüchtiges Küßchen auf die Wange zu drücken und ihm zu sagen, daß sie in der Menge nach ihm Ausschau halten würde – ein letzter Wink, daß er es auch sicher nicht vergessen sollte. Es verstimmte ihn nun doch sehr, daß sie ihn alle wie ein Kind behandelten, aber er ließ sich nichts anmerken, winkte ihr zum Abschied noch einmal zu und rief ihr, als es schon zu spät war, nach:

»Mach dir um mich keine Sorgen, mein Engel. Dein alter Herr wird in der vordersten Reihe stehen, wenn dein Lied allen das Herz bricht ...«

Die Eingangstür knallte ins Schloß. Er ging gleich zum Radio, schaltete es aus und sog genußvoll die Stille ein. Er fühlte sich etwas vor den Kopf gestoßen. Ein Blick auf seine Armbanduhr zeigte ihm, daß er nun ganz sicher zu spät zur Arbeit kommen würde, aber er konnte sich noch immer nicht dazu durchringen, Eile, Hast und Hetze in seinen Tag zu lassen. Er hatte einen Lebensabschnitt erreicht, wo Termine und Hetzerei nicht länger wichtig schienen – es gab niemanden mehr, bei dem er damit hätte Eindruck schinden können, und es war angenehm und wohltuend zu wissen, daß die Räder auch ohne ihn zuverlässig weiterlaufen würden. Er würde einfach sagen, daß er im Verkehr steckengeblieben war, oder nein, noch besser, daß er sich eine Immobilie angesehen hatte. Was machte es schon aus? Die Stille um ihn her war irgendwie eigenartig, als ob nicht nur das Radio, sondern alle Geräusche abgeschaltet wären. In dieser Stille suchte er nach etwas Interessantem, Unterhaltsamem, mit dem er die Stunden füllen konnte, die vor ihm lagen. Es fiel ihm nichts ein, außer einer langweiligen Liste von kleinen Verpflichtungen und Formalitäten, die den Tag in stumpfe Vorhersehbarkeit einfroren und ihn umklammert hielten. Mit wachsendem Selbstmitleid stellte er sich vor, was für ein hektischer Betrieb heute im Stadtzentrum herrschen und wie schwierig und zeitraubend es sein würde, einen Parkplatz zu finden. Vielleicht könnte er Johnstone's Fahrradhandlung vom Büro aus anrufen – nein, lieber nicht; auf irgendeinen anonymen Lehrling am Ende der Leitung wollte er sich nicht verlassen, das ging zum einen Ohr 'rein, zum anderen Ohr 'raus. Er mußte schon persönlich hingehen, um ihnen nochmals einzuschärfen, das Rad rechtzeitig zu liefern, und selbst dann würde er erst daran glauben, wenn das verdammte Ding vor ihm stand und er es vor seiner Tochter in der Garage versteckt hatte. Wahrscheinlich lohnte es die Mühe: Er stellte sich den freudig überraschten Ausdruck auf ihrem Gesicht vor und wie sie aus der Einfahrt fuhr und ihre ersten Runden drehte. Er erinnerte sich an das Weihnachten, als er einmal aufgewacht war und ein Fahrrad für ihn im Flur stand – kein brandneues Fahrrad, aber sein Vater hatte es frisch lackiert, daß es silbrig glänzte und so aussah, als sei noch nie jemand damit gefahren. Und als er die kleinen Päckchen unter dem Weihnachtsbaum öffnete, entdeckte er die lauteste Fahrradklingel der Welt, eine schwarze, stromlinienförmige Luftpumpe und eine kleine lederne Werkzeugtasche, die man hinter dem

Sattel befestigen konnte und die Schraubenschlüssel, Flickzeug und andere höchst wichtige Dinge enthielt. Die Erinnerung trug ihn, in einem Strudel ungewohnter Nostalgie, in lang vergangene Zeiten. Er fand sich in ein winziges schachtelartiges Zimmer mit niedriger Decke zurückversetzt, vollgestopft mit Baukästen, Fußballbilderalben, Taschenlampen, Modellflugzeugen und gestrickten Handschuhen und Vereinsschals. All die Bilder, die in ihm wiedererstanden, entfachten ein Flämmchen Wärme, und er bemühte sich vergebens, sie festzuhalten und dadurch dieses wärmespendende Flämmchen zu bewahren und anzuschüren, ehe sie sich im Dunkel des Vergessens verloren.

Vielleicht würde es diesmal ein richtig schönes, geruhsames Weihnachten geben, so wie früher. Schließlich feierte man es vor allem den Kindern zuliebe, und Paula war auch schon ganz aufgeregt, ob alle ihre Wünsche in Erfüllung gehen würden. Das war genaugenommen das, was ihm vom Fest der Liebe übrigblieb – an dieser Aufregung seiner Tochter teilzuhaben, durch sie jenes Gefühl der Vorfreude erneut zu erleben, das ein Teil von Weihnachten war. Ganz oben auf seiner Liste stand der Besuch bei Johnstone's Radgeschäft. Aber als ihm die Ermahnungen seiner Frau wieder in den Sinn kamen, geriet sein Entschluß ins Wanken, und ein Gefühl der Verstimmung und des Unwillens stieg in ihm auf und löschte alle anderen Gedanken. Er fand nirgends Halt, nur noch diese kalte, lästige, mit Pflichten verbundene Alltäglichkeit. Weihnachten. Was bedeutete das im Grunde schon? Zusammengesperrte Familien, ohne einen einzigen Fluchtweg ausgeliefert an eine verlogene Festlichkeit, so lange, bis sie immer gereizter wurden und anfingen, sich zu zanken; sinnlose und völlig überzogene Ausgaben, die man im neuen Jahr abstottern mußte und die einen womöglich so nervös machten, daß man bei der wöchentlichen Pokerrunde um höhere Einsätze spielte; ein Küßchen auf den spöttischen Mund einer jungen Sekretärin, auf die man schon die vergangenen zwölf Monate scharf gewesen war. Mehr trinken, als man vertragen konnte. Naja, dafür mußte er sich nicht entschuldigen – immerhin eine Chance, es mal wieder so richtig krachen zu lassen. War ja nichts dabei. Half einem, unter dem Dauerstreß von Arbeit und Familie einigermaßen bei Verstand zu bleiben und sich wohl zu fühlen, für ein Weilchen wenigstens. Ein paar Drinks, mehr nicht, gerade so viel, das Feuerchen anzufachen und in Gang zu halten, das einen wärmte und beruhigte und half, ein bißchen zu sich selbst zu kommen. Ein paar Drinks, die ihn von der Last der Verantwortung befreiten, diesem ewigen zermürbenden Druck. Jedenfalls besser als ... als ... na eben alles drumherum. Gab einem das Gefühl, wieder jung zu sein, wie ein junger Mann am Wochenende, wenn ihm sein Lohn in der Tasche brennt und die Kumpels auf ihn warten, um die Stadt unsicher zu machen. Ein paar Drinks öffneten das Gefängnis der Gegenwart, dessen Wärter einen zum Narren hielten und einem den letzten Nerv töteten, und befreiten von den Zwängen der Pflicht und des Alltäglichen. Sie erfüllten den Augenblick mit einem Schimmer heiterer Zuversicht. Claire verstand nichts davon, hatte noch nie was davon verstanden. Sie sah darin immer eine Art Konkurrenz, die sie bekämpfen und besiegen mußte, sah darin nicht, was es wirklich war: etwas, das ihn im Innersten zusammenhielt, ihr zuliebe, nur zu ihrem Besten.

Er ließ den Blick durch die geräumige Küche hinaus in den Flur wandern und ärgerte sich mehr und mehr über Claires offensichtlichen Mangel an Dankbarkeit für all den Wohlstand, den er durch seiner Hände Arbeit für seine Familie erreicht hatte. Typisch Frau – immer unzufrieden, nörgelte herum, bis sie bekam, was sie wollte, nahm es dann als gegeben hin und meldete nach bemerkenswert kurzer Zeit irgendeinen neuen, meist kostspieligen Wunsch an. Trotzdem hatte sie ständig was an ihm auszusetzen. Aber einmal in ihrem Leben anzuerkennen, wieviel Kraft und Mühe es gekostet hatte, sie überhaupt so weit zu bringen – na, darauf konnte er lange warten. Sie standen doch schließlich nicht schlecht da, er und seine Familie! Aber immer meckern. Als ob er den Auftritt seiner Tochter vergessen würde! Was bildete sie sich eigentlich ein? War er nicht vernarrt in sie? Las er ihr nicht jeden Wunsch von den Lippen ab? Sie hatte einfach kein Recht, ihn so verächtlich zu behandeln, sie wußte ganz genau, daß er sich lieber den Arm abschneiden würde, als sein Kind zu enttäuschen …

Der Ärger machte ihn tatendurstig. Er nahm den Mantel vom Haken, schnappte seine Aktenmappe und stürmte hinaus, zum Wagen.

Er schaltete das Radio an, um Nachrichten zu hören. Ein Mann, der vor seiner Frau und seinem Kind niedergeschossen wurde … eine Litanei mörderischen politischen Gequassels … Maßnahmen, die Wirtschaft anzukurbeln … Schneefall über dem Glenshane-Paß. Das alles rauschte an ihm vorbei, ohne daß ihn etwas davon interessierte oder überhaupt zu ihm vordrang. Er schaltete wieder aus.

Der Verkehr war dicht und zähflüssig. Es gab viele Staus. An jeder Straßenecke Blaulichter. Ein Riesenaufgebot an Polizei. Er würde vorsichtig fahren müssen – vorbei die Tage, als man die Beamten noch persönlich kannte und ein freundliches Nicken genügte, um keinen Strafzettel zu bekommen.

Im Büro ging es heute geschäftiger zu als sonst. Er bemühte sich, sein Zuspätkommen zu kaschieren, indem er einen Wust von Papieren aus seiner Aktenmappe auf den Schreibtisch häufte. Seine Sekretärin teilte ihm mit, daß keine Anrufe gekommen wären und niemand persönlich vorgesprochen hätte. Er öffnete die

Geschäftspost und beobachtete dabei die neue, blutjunge Angestellte, die waghalsig auf einem Tisch balancierte, um Weihnachtsdekorationen anzubringen, machte eine scherzhafte Bemerkung, welche Versicherungssumme sie in Anspruch nehmen könne, falls sie herunterfiele, und bot ihr an, sie an den Knöcheln festzuhalten, damit sie sich nichts breche. Das Mädchen errötete und stieg schnell herunter, ohne die Sache zu Ende zu bringen. Sehr gemächlich und mit einiger Mühe kletterte nun er auf den Schreibtisch und befestigte die Papiergirlande. Die plötzliche Anstrengung erinnerte ihn daran, daß er sich nicht recht auf dem Posten fühlte. Als er wieder auf seinem Bürostuhl Platz nahm, machte ihn das unablässige Rattern der Schreibmaschinen ganz wirr im Kopf.

Der Vormittag zog sich so hin, und er fuhr fort, Geschäftigkeit vorzutäuschen, ohne wirklich irgend etwas Wichtiges zu erledigen. Er ordnete geräuschvoll Papiere auf seinem Schreibtisch und telefonierte hin und wieder, doch nichts konnte ihn von der Gewißheit ablenken, daß es inzwischen Zeit für einen Drink war. Er versuchte es so lange wie möglich hinauszuschieben und trank noch einen Kaffee, aber es half nicht. Die Zeit schien stillzustehen.

Kurz vor der Mittagspause konnte er nicht länger gegen seine Ungeduld und Rastlosigkeit ankämpfen; er nahm einige Schlüssel aus dem Bürosafe und sagte seiner Sekretärin, er müsse nun ein paar Grundstücke besichtigen. Auf ihre Frage, wo man ihn erreichen könne, antwortete er, er sei voraussichtlich ständig unterwegs, werde aber in Abständen anrufen. Dann zog er den Mantel über und wechselte auf die belebte Straße. Er zog den Mantelkragen um den Hals und vergrub die Hände tief in den Taschen. Es würde noch schneien; kalt genug war es jedenfalls. Weiße Weihnachten — na, danke bestens. Nichts für ihn, allenfalls für die kitschigen Postkartenansichten. Wer legte schon Wert auf

Frost und Kälte? Leise rieselt der Schnee – geschenkt. Er war ganz versunken in Trübsinn, als ihn ein Schlag auf die Schulter herausriß.

»Entschuldigen Sie, Sir, haben Sie ein Haus zu verkaufen? Mir reicht schon 'ne finstere Absteige. Was haben Sie denn so an Bruchbuden?«

Es war George Monroe, ein Kollege von früher, Vertreter und inzwischen etwas heruntergekommen, aber mit allen Wassern gewaschen wie er selbst: dem konnte keiner was vormachen, der war richtig. Beide schienen hocherfreut über die Begegnung – sie fühlten sich nun nicht mehr ganz so verloren in dieser verwirrenden Flut fremder Gesichter um sie her.

»Mordsbetrieb hier. Hast auch 'n bißchen Ruhe nötig, was, Tom? Komm, hak' dich ein bei mir. Na komm schon, alter Junge. Hab' deiner Frau versprochen, ein Auge auf dich zu haben!«

Das dichte Gewühl verzögerte ihren Ausflug zu Mooney's Pub. Es war wirklich schwer voranzukommen. Manchmal war es einfacher, sich auf Umwege und in Nebenstraßen fortziehen zu lassen, als gegen die mächtige Flut anzukämpfen. Alle anderen Passanten schienen unter dem Gewicht von Paketen zusammenzubrechen, und die mit Firmennamen und Werbeslogans verzierten Plastiktüten, die sie schleppten, flappten wie Standarten im beißend kalten Wind.

In der Fußgängerzone spielte ein Blasorchester der Heilsarmee, und sein Blick streifte über junge Mädchen in dunklen Uniformen und Käppis, die mit bändergeschmückten Tambourinen geometrische Figuren in die Luft zeichneten. Menschenmassen ergossen sich wie Sand aus Sanduhren in die Eingänge der großen Kaufhäuser. Überall vernahm man das silberlechzende Gerassel von Münzen in Blechbüchsen, zeitgemäßes Almosenbetteln. Straßensänger sangen gegen Flötenweihnachtslieder an, und ein alter Mann ohne Mantel verkaufte Rollen billigen Geschenkpapiers. Eine Gruppe orange gekleideter Hare-Krishna-Jünger wedelte Glöckchengebimmel und Räucherstäbchenduft über die wogenden Massen, ein Greis mit einem Brustpanzer aus Bibeltexten hielt fromme Broschüren feil.

Ein paar Meter weiter wurde es im Gedränge so eng, daß sie auf die Straße ausweichen mußten. Sie traten auf nasse Handzettel mit den Weihnachtssonderangeboten einer Weinhandlung. Eine Mutter, die ein kreischendes Kind hinter sich herzog, kreuzte ihren Weg, und mit jedem Schritt schien die Menge dichter und verzweifelter zu werden.

»Mannomann, Tom, ist denn die ganze Welt verrückt geworden?«

»Wenn wir es bis Mooney's schaffen, haben wir uns eine Prämie verdient – und einen Drink sowieso.«

Sie quälten sich weiter voran, steuerten sich durch kleine Schubse und gegenseitiges Zerren am Mantel in die günstigste Richtung, hielten ab und zu an, um sich zu orientieren, und erreichten schließlich den Eingang zur Bar. Ein Schwarm junger Mädchen strudelte durch die Türen; alle hielten im Vorgefühl der klirrenden Kälte ihre Mäntel zu oder schlugen die Krägen hoch.

Das gab den beiden Männern Gelegenheit, einen kurzen Blick ins Innere der Bar zu werfen – doch der reichte schon aus, ihnen zu zeigen, daß sie keineswegs das erhoffte Refugium von Stille und Abgeschiedenheit gefunden hatten. Als sie sich drinnen durchzuwühlen versuchten, wandte sich sein Begleiter zu ihm um und zog ein Gesicht.

»Kein Platz in der Kneipe – höchstens ein Stehplatz.«

»Laß uns lieber zu Henry's gehen, George – hier kriegt man ja Zustände. Ich brauche wenigstens etwas Ellbogenfreiheit.«

Sie kämpften sich unwillig wieder nach draußen auf die Straße und von dort etwas mißgelaunt bis zur nächsten Häuserecke, in Henry's Pub, der zur Zeit nicht so hoch im Kurs stand wie Mooney's.

In einem Winkel fanden sie einen freien Tisch, ließen sich auf die Stühle fallen, knöpften die Mäntel auf und stießen gleichzeitig Stoßseufzer der Erleichterung aus. Eine Runde Drinks wurde serviert und mit Genuß getrunken. Für ihn war der erste Drink immer der beste – überhaupt der einzige, der ihm wirklich schmeckte. Der tat gut, und er lehnte sich in seinem Stuhl zurück und streckte die Beine aus.

»Nur gut, daß nur einmal im Jahr Weihnachten ist, was, George? Ich glaube, es wird immer schlimmer. Man braucht Nerven wie Drahtseile, um dieses Affentheater durchzustehen.«

»Jaja, kannst froh sein, wenn du mit heilen Knochen davonkommst. Marion stellt Schecks aus, als ob's kein Morgen gäbe, kauft teure Geschenke für die halbe Welt – außer für mich natürlich. Am meisten wurmt mich, was für Unsummen sie für ihre Mutter ausgibt – und was ich dann immer von der zu Weihnachten kriege. Es ist einfach nicht zu fassen! Diese geizige Fledermaus hat so viel Geld, daß es ihr bei den Ohren 'rauskommt, aber wenn sie mir was schenkt, ist es sowas wie ein Set Kleiderbügel oder irgend so'n Plastikkram, den sie im 50-Pence-Laden erstanden hat.«

»Ich kann mich über Claire nicht beklagen – sie kriegt's jedesmal einigermaßen so hin, daß alles im Rahmen bleibt. Trotzdem kostet mich Weihnachten immer ein Heidengeld – führt wohl kein Weg dran vorbei. Ach, da fällt mir dieser Witz ein, den mir McClenaghan über Schwiegermütter erzählt hat. Wie ging der gleich noch – ›Meine Schwiegermutter besucht uns jedes Weihnachten. Ich fürchte, nächstes Jahr werden wir sie 'reinlassen müssen.‹«

Die beiden Männer beugten sich über den Tisch und kicherten wie die Kinder. Monroe zog zwei Zigarren aus seiner Innentasche hervor, die sie genießerisch anpafften.

»Weißt du, George, manchmal denke ich, das Beste wäre, über die Weihnachtsfeiertage zu verreisen. In den Süden, vielleicht sogar Skifahren ... naja, Claire würde da wohl nicht mitmachen. Sie ist ein bißchen altmodisch, was das betrifft.«

»Jetzt, wo du's sagst – hab' selbst schon oft daran gedacht. Vorige Woche lief mir Perry Foster über den Weg. Hat's irgendwie geschafft, sich loszueisen. Fährt in so'n österreichisches Skiparadies, ist wahrscheinlich schon unterwegs.«

»Perry Foster? Kannst du dir den auf Skiern vorstellen, wie er 'nen Berg 'runterrauscht?«

»Nie im Leben. Hat er auch gar nicht vor. Ist ja nicht lebensmüde. Der steckt seine Füße nirgendwohin, außer unter eine Bar. Den ganzen Tag Après-Ski. Und, unter uns – er fährt auch nicht allein da hin. Hat sich 'ne hübsche Blondine angelacht.«

»Sieh mal einer an«, lachte Tom, »der Schmeckefuchs! Auf seine alten Tage! Und was sagt seine Frau dazu?«

»Nix«, sagte George. »Geht ihre eigenen Wege. Stellt keine Fragen, braucht sie sich auch keine Lügengeschichten anzuhören. Perfektes Arrangement.«

Jeder nahm einen kräftigen Schluck, zog an seiner Zigarre und sann durch den blauen Tabakqualm dem glücklichen Ausreißer nach. In ihren Köpfen entstanden Bilder von schneebedeckten Sennhütten, flackernden Kaminfeuern und hübschen, willigen Damen, die nicht herumnörgelten und keine dummen Fragen stellten.

»Na, ich wünsch' ihm jedenfalls viel Glück«, nahm Tom den Faden wieder auf. »Aber Weihnachten im Kreis der Familie und um einen schönen knusprigen Truthahn herumsitzen ist doch auch nicht zu verachten, oder?«

»Wohl wahr, wohl wahr.«

Es trat eine Gesprächspause ein, in der sie sich einredeten, daß sie Foster keineswegs um sein Stückchen Freiheit beneideten.

»Hast du von der Sache letzte Nacht gehört, wo sie den Mann erschossen haben? Um diese Jahreszeit könnten sie doch eigentlich mal 'ne Weile damit aufhören, wenigstens ein paar Wochen. Ein Weihnachtswaffenstillstand oder so. Also weißt du. Die Burschen haben wirklich vor nix mehr Respekt.«

»Vor nichts und niemandem. So was Brutales.«

»Echt brutal. Stell dir mal vor, vor seiner Frau und seiner kleinen Tochter. Die spinnen doch. Na, das Kind wird ein schönes Weihnachten haben. Jetzt und für den Rest seines Lebens.«

»Paulas Klasse singt heute abend Weihnachtslieder vor dem Rathaus. Ihr großer Auftritt. Sie trägt einen ganzen Vers allein vor. Solltest du dir ansehen, George, sie ist ein echtes Naturtalent.«

»Würd' schon gerne, aber ich hab' heute Nachtdienst im Golfclub. Wird sowieso die Hölle los sein – langer Samstag vor Weihnachten, und dann noch das Feuerwerk. Hab wenig Lust, mich totquetschen zu lassen.«

Ihr Gespräch wurde durch das Auftauchen eines gemeinsamen Bekannten unterbrochen.

»Na, Jungs? Fangt aber schon früh an heute. Scheint so, daß ich der einzige bin, der noch arbeitet.«

Der Neuankömmling sandte ein selbstbewußtes Lächeln zu den Zechkumpanen hinunter und legte jedem eine Hand auf die Schulter.

»Komm, setz dich doch, Ross, und ruh deine müden Füße aus. So weit her kann's nicht sein mit deiner Arbeit, wenn du dich hier herumtreibst. Hat die Anwaltskammer euch losgeschickt, in Kneipen nach Klienten zu suchen? Tom und ich lösen über ein paar Bieren und Whiskeys die Probleme dieser Welt. Was kann ich dir bestellen?«

»Naja, ein heißer Whiskey käme jetzt gerade recht, um ein bißchen aufzutauen. Saukalt draußen. Aber nur einen, Jungs, ich hab' noch was zu erledigen.«

George stand auf und bahnte sich einen Weg zur Bar. Ross grinste Tom kameradschaftlich an und sagte, mit einer leichten Kopfbewegung in Georges Richtung: »Bißchen 'runtergekommen, der alte Georgie, was? Nicht gerade der beste Umgang für einen wie dich. Gibt's keine Häuser mehr zu verkaufen?«

»Doch doch, Ross, mehr als genug. Viel zu viele, wenn du mich fragst. Die ganze Welt verkauft Wohnungen und Häuser und kauft die von anderen Leuten. Wenn alles den Bach 'runtergeht, der Grundstücksmarkt floriert. Ist nach wie vor 'ne Goldgrube.«

»Na, da hast du ja sicher alle Hände voll zu tun. Frag' mich nur, wie du da noch Zeit aufbringst, in Bars herumzuhocken.«

»Tja, Ross, man muß eben delegieren können. Anderen die Arbeit aufhalsen – das ist das wahre Management. Ohne Burschen wie mich könntet ihr doch einpacken! Der einzige Unterschied zwischen uns ist der, daß du immer noch halb so viel schuftest wie ich und dafür die doppelte Kohle verdienst.«

»Stimmt genau, aber dafür mußt du dich auch nicht ständig mit Volltrotteln herumschlagen. Wenn du wüßtest, was für Idioten tagtäglich bei mir 'reinschneien, sowas von blöd, und ich muß auch noch nett und freundlich zu denen sein! Manchmal brauchst du ein Desinfektionsmittel, um dich von all dem Schwachsinn zu säubern. Ich schwöre dir, der Job ist gar nicht mit Geld zu bezahlen.«

»Geld verdient sich eben nicht so leicht, Ross – wir alle müssen manchmal im Dreck wühlen, und je reicher einer ist, desto mehr Dreck hat er am Stecken. Naja, wem sag ich das? Aber hör mal – was hältst du eigentlich von dieser neuen Steuer? Haut die bei euch genauso 'rein wie bei uns?«

»Es gibt da Mittel und Wege. Geschickte Buchführung macht schon 'ne Menge aus. Unser Buchhalter ist da ein echtes Genie. Ah, da wären wir.«

George brachte die Drinks, und sie lehnten sich in die sanften Polster des Nachmittags, plauderten, tranken und vertrieben sich auf angenehmste Weise die Zeit. Sie gingen etwas essen und danach, Tapetenwechsel, noch auf einen Sprung zu Mooney's. Vertraute Gesichter kamen und gingen, die Stunden verrannen, glitten über wohlgeölte Geleise, eine gemütliche Spazierfahrt durch geschäftliche Probleme, den neuesten Klatsch, die guten alten Zeiten, sentimentale Erinnerungen, Hochgeistiges, ehrbare Bemühungen, die Welt zu verbessern, und dazwischen immer wieder das Anstoßen und Klingen von Gläsern, das Nachfüllen und das beruhigende Aufgehobensein im Kreise alter Freunde. Er fühlte sich sicher und geborgen vor dem Wahnsinn, der draußen lärmte und tobte, und verlor allmählich jegliches Zeitgefühl.

Die Kälte auf der Straße ließ ihn schaudern. Einen Moment lang war er versucht, zurückzukehren in die warme Sicherheit hinter ihm, alles schien ihm besser als der strapaziöse und lästige Ausflug, der vor ihm lag und den zu unternehmen ihn die Pflicht rief – doch die Wärme und das wohlklingende Stimmengewirr drinnen mischte sich mit der Erinnerung an das Versprechen, das er seiner Tochter gegeben hatte, und trieb ihn in den unvermindert dichten Passantenstrom hinein. Irgendwie fühlte er sich seltsam eins mit den unbekannten Gesichtern, die um ihn her waberten wie Blasen im Bierschaum, und er nickte ihnen zu und lächelte sie an wie uralte Bekannte. Einmal stieß er unsanft mit jemandem zusammen, man wünschte sich gegenseitig fröhliche Weihnachten und machte einen freundlichen, beinahe zu freundlichen Diener. Er fühlte kaum noch seine Schritte auf dem Pflaster, kam sich eher wie ein Wellenreiter vor, der schier mühelos durch die Brandung gleitet, und zum erstenmal übertrug sich auch auf ihn die festliche Stimmung, die allenthalben herrschte. Er ertappte sich dabei, wie er ein Weihnachtslied mitsang, das aus einem Lautsprecher vor einem Geschäft plärrte, und seine rechte Hand dirigierte imaginäre Chöre. Als sich ihm eine Sammelbüchse entgegenstreckte, suchte er in den Tiefen seiner Manteltaschen nach etwas Kleingeld, fand auch welches und ließ einen Strom Münzen durch den Schlitz klappern. Den Anhänger, den er dafür empfing, trug er wie einen Orden am Mantelrevers.

Überall erstrahlten weihnachtliche Lichter, und die Fußgängerzone erstreckte sich in gleißender Helligkeit vor ihm: tausend Lämpchen, Neonschriften und Girlanden aus Silberlametta säumten flimmernd und flirrend die Hauptstraßen. Es war, als schritte man über eine gigantische Torte in der Auslage einer Konditorei ... Eine Sekunde lang verlor er in dem Gewirr von Lichtern und Geräuschen die Richtung – er hatte auf nüchternen Magen zu viel und zu schnell getrunken –, aber gleich darauf lachte er über sich selbst und schwebte beschwingten Schrittes immer weiter hinein in die selige Illumination. Als er an einem Juweliergeschäft vorüberkam, erinnerte er sich daran, daß er noch kein passendes Weihnachtsgeschenk für seine Frau gekauft hatte. Er fand eine Lücke unter den Passanten, die vor dem Schaufenster standen, und ließ den Blick über den ausgestellten Schmuck schweifen. Es gelang ihm nicht, sich auf irgendein Einzelstück zu konzentrieren. Für ihn war das eine nichtssagende Anhäufung von buntem Flitter und Tand hinter Glas, ein Sammelsurium aus Gold und Silber und echten und falschen Diamanten, Rubinen und Edelsteinen, aufgespießte Insekten, von denen keins ihn zum Kauf anregte, ein funkelndes Labyrinth, in dem er sich interesselos verlor. Wenn er andererseits irgend etwas darunter entdecken würde und sich entschloß, es mitzunehmen, ersparte ihm das, kurz vor Ladenschluß noch herumzuirren und nach einem Geschenk zu suchen. Und in diesem Augenblick umschloß das Gefühl des

Wohlbefindens und weihnachtlicher Nächstenliebe sogar seine Frau. Eine Halskette oder ein Armband würde vielleicht genau das Richtige sein, ihr Herz rühren, sie zufrieden- und ruhigstellen, ihm einen kurzfristigen Kredit einräumen, einen Zeitraum, in dem sie glücklich war und zärtlich wurde und ausnahmsweise nichts an ihm auszusetzen fand. Keine schlechte Idee. Also jetzt oder nie.

Im Geschäft herrschte kein so großer Andrang, wie er befürchtet hatte. Kaum war er eingetreten, als auch schon eine junge Verkäuferin auf ihn zukam und nach seinen Wünschen fragte. Sie trug ein schwarzes Kleid und eine gestärkte weiße Bluse, die immer noch aussah, als käme sie eben erst aus der Reinigung. Das einzige Anzeichen, daß sie einen langen, harten Arbeitstag hinter sich hatte, war ein Glänzen zwischen Nase und Mund, eine winzige Spur Schweiß auf dem sonst makellosen Teint. Sie lächelte ihn an, und er lächelte zurück und trank dabei mit den Augen ihre jugendliche Frische. Alles an ihr gefiel ihm und appellierte an seine Sinne. Sie begrüßte ihn, als sei er heute ihr wichtigster Kunde. Ihr glänzendes schwarzes Haar war zu einem lockeren Knoten geschlungen und folgte weichfließend jeder Bewegung ihres Kopfes, was ihre vornehme Blässe und die Sinnlichkeit ihrer weichen, roten Lippen noch unterstrich. Er fragte sich, wie sie wohl sein mochte. Was für eine Art Frau. Er betrachtete sie, seine Blicke streichelten sie, glitten wohlgefällig über ihren Körper, unaufdringlich und doch genußvoll, so wie er das erste Glas Guinness in Henry's Pub genossen hatte. Sie war noch jung, aber längst kein Kind mehr.

Als sie sich umdrehte, sah er über ihre Schulter sich selbst in einem Spiegel. Nein, er gehörte gewiß nicht zum alten Eisen, es lagen noch eine Menge guter Jahre vor ihm. Ob er noch immer auf Frauen wirkte? Mal abgesehen von einer Reihe völlig bedeutungsloser

Versuchungen war er stets ein treuer Ehemann gewesen. Und wofür? Ein ziemlich trockenes Miteinanderauskommen und Nebenhergelebe, fast mechanisch, eine Maschine, die eben so recht und schlecht in Gang blieb, mit einem Tröpfchen Öl vorgetäuschter Leidenschaft hin und wieder. Stets der gleiche Rhythmus, vorhersehbar, vorausbestimmbar.

Als sie sich über einen Glaskasten beugte, um ihm ein paar Goldkettchen zu zeigen, ruhten seine Augen auf ihrem feingeschwungenen Nacken. Er wünschte sich, sie zu berühren. Wenn er auch nicht mehr der Jüngste war, so besaß er doch jene wohlstandsbedingte Reife, die, so hatte er gelesen, auf junge Frauen besonders attraktiv wirkte. Er gab sich humorvoll und jovial, machte neckische Bemerkungen, und als sie die Preise erwähnte, tat er es mit einem »Ist ja nur Geld, nicht wahr?« ab.

Sie lächelte über seine Scherze, aber ihr professioneller Charme wirkte eher unpersönlich; er fand darin nichts, was er auf sich selbst hätte beziehen können. Er kaufte ein goldenes Halsband und war sich vage bewußt, daß er mehr Geld ausgab, als er beabsichtigt hatte. Sie wickelte den Schmuck sorgfältig ein, schuf mit geschickten Fingern ein kleines Verpackungskunstwerk, das von einer rosa Schleife gekrönt wurde. Eine Sekunde lang dachte er daran, ihr zu sagen, das Geschenk sei für sie, aber schließlich war die Kette ziemlich teuer gewesen, das war nicht dasselbe wie einem Barmädchen einen Drink zu bestellen. Er sah ihr dabei zu, wie sie mit manikürten Fingernägeln die Schleife knotete, und ein leiser Zweifel keimte in seinem Optimismus auf. Wahrscheinlich hatte sie einen ganzen Schwarm von Verehrern ... interessierte sich wohl kaum für jemanden in seinem Alter ... schließlich, er könnte ihr Vater sein. Ja, vor zehn Jahren hätte die Sache anders ausgesehen. Er tröstete sich mit diesem Gedanken, als er das Geschäft verließ. Ein goldenes

Halsband und ein Fläschchen ihres Lieblingsparfüms – sicher genug für einen Stein im Brett. Darüber konnte sie sich nun weiß Gott nicht beschweren oder diesen Ausdruck in den Augen bekommen, der wortlos andeutete, daß sie sich vernachlässigt fühlte. Sein Blick fiel auf eine Digitaluhr im Außenfenster, und mit einiger Bestürzung wurde ihm klar, wie spät es inzwischen schon war. Er mußte sich 'ranhalten, wenn er einen guten Platz für das Weihnachtssingen kriegen wollte. Ob Paula nervös war vor ihrem großen Auftritt? Lampenfieber? Ha, vielleicht nicht so viel wie er. Er wußte, daß sie damit fertig werden würde. Mit links! So war sie immer schon gewesen – ein wirkliches Bühnentalent. Ungeheuer begabt. Er war stolz auf sie.

Als er auf die Straße hinaustrat, gab es plötzlich einen Riesenknall. Die Nachtluft zerbarst in tausend Lichtsplitter.

Er zuckte zusammen und suchte unwillkürlich Schutz unter dem Eingang des Juwelierladens, erschrocken und ein wenig verängstigt. Eine bunte Lichtgarbe schoß in den Himmel, dann noch eine. Er kam sich ziemlich blöd vor, als ihm klar wurde, daß das Feuerwerk bereits begonnen hatte. Jetzt mußte er sich aber wirklich beeilen.

Er ging so rasch, wie es sein Gleichgewichtssinn erlaubte, folgte den knatternden Momentaufnahmen gefrorener Sterne am Himmel, schlängelte sich mit dem unguten Gefühl, zu spät zu kommen, durch die immer dichteren Menschenmassen. Feurige Raketen kreischten in die Nachtluft über ihm und zerstoben in leuchtend herabfallende Blütenblätter; fluoreszierendes Rot und Gelb erhellte die schwarzen Tiefen der Nacht, bunte Kaskaden, die sich im Nichts auflösten. Flimmernde Rosetten und explodierende Galaxien überboten sich gegenseitig und bäumten sich gegen die Vergänglichkeit auf, die sie bald wieder verschluckte, und jedesmal wurden sie von Applaus und freudigen Ausrufen begrüßt.

Er beschleunigte seine Schritte. Oh Gott! Das Fahrrad – er hatte das verdammte Fahrrad vergessen! Er
hielt an und sah auf seine Uhr, wußte aber zugleich,
daß er es unmöglich noch rechtzeitig schaffen konnte.
Gleich am Morgen würde er bei Johnstone's anrufen,
nein besser, er würde selbst hingehen und alles ins reine
bringen.

Helle Spitzbögen aus Licht überzogen den Horizont,
und als er weiterhastete, kündigte ein letztes Crescendo,
ein donnernder Vulkanausbruch aus Farben, der auf die
grünen Kuppeln des Rathauses herniederregnete, das
Ende des Feuerwerks an.

Neben dem riesigen Weihnachtsbaum konnte er bereits die verdeckte Bühne sehen, und nun hörte er auch,
wie Kinder ein Lied anstimmten, das sich deutlich und
klar über dem Platz erhob. Seine müden Augen hefteten
sich an den leuchtenden Stern, der die Spitze des Weihnachtsbaums schmückte, und er verließ den Bürgersteig, um auf der Straße schneller vorwärtszukommen.

Er folgte der Melodie von »O little town of Bethle-
hem« und wußte, daß nichts ihn davon abhalten konnte, sein Ziel zu erreichen. Er war ein guter Vater, niemand konnte das bestreiten, und er wußte auch, daß
Paula jetzt Ausschau nach ihm hielt, ihn in ihrer Nähe
haben wollte. Nein, er würde sie nicht enttäuschen,
heute nicht und niemals, solange er lebte. Er spürte ein
warmes Gefühl in der Tiefe seines Inneren, ein Wohl-
wollen für alle Menschen, war in Frieden und Einklang
mit sich und der Welt. Weihnachten war eben doch
eine besondere Zeit. Warum sollte er sich gegen dieses
innige Gefühl der Nächstenliebe wehren, das da in ihm
hochkam? Sein ganzer Zynismus und Lebensüberdruß
war mit einem Mal wie weggeblasen, und er öffnete
sein Herz der Heiligkeit des Augenblicks. Er dachte an
all die Mütter, die jetzt gerade Geschenke für ihre Kinder einpackten und ihre Herzen mit hineinlegten; an
die Väter, die Überstunden machten, um ihren Familien

ein Festmahl bieten zu können; an die Kinder, die erwartungsfroh mit allen Sinnen der Bescherung entgegenfieberten. Vor seinem inneren Auge sah er den großen Schneepflug, der den Glenshane-Paß freiräumte und sich eine Schneise durch den frischgefallenen weißen Schnee bahnte. Scheinwerfer zerteilten die Dunkelheit und erleuchteten den Weg für die Heiligen Drei Könige. Er schnappte ein paar Worte des Weihnachtsliedes auf, das die Kinder sangen, und er dachte auch an die Stadt, seine geliebte Stadt, die in schimmernden Festschmuck gehüllt Sicherheit und Wärme verströmte wie ein hellscheinendes Feuer, das die Wölfe fernhielt, die lauernd im Dunkel der Wälder wachten.

Er war nun fast am Ziel. Er schubste, rempelte Leute an und drängelte sich vor, das fiel schon auf, aber es war ihm gleichgültig, er mußte doch seinen Engel sehen und sein Lied singen hören! Unter viel Geschiebe und Gestoße erreichte er einen Aussichtspunkt an der Absperrung vor der Bühne. Jetzt erblickte er seine Tochter, und seine Hände umklammerten die kalte Eisenbrüstung. Sie war ganz in Weiß gekleidet, mit einem Heiligenschein aus Silberfolie über ihrem Haar und Engelsflügeln aus Papier, die bedenklich im Luftzug flatterten. Weiches, gelbes Licht beschien das Lager aus Stroh und erleuchtete die andächtigen Gesichter der Kinder, die um das Jesuskind gruppiert standen. Er wollte etwas zu ihr hinüberrufen, sie wissen lassen, daß er in ihrer Nähe war, aber die überwältigende Heiligkeit der Szene versiegelte ihm den Mund. Er hatte plötzlich das Bedürfnis niederzuknien, fand sich jedoch durch den Druck der Umstehenden daran gehindert.

Die Kinderstimmen stiegen wie auf hauchzarten Schwingen in die kalte Nachtluft und verkündeten die Geburt des Heilands. Auch er wollte zu ihm beten, ihm seine Gaben bringen, teilhaben an diesem Wunder. Als der Gesang in der Dunkelheit verhallte, schossen ihm Tränen der Reue in die Augen.

Fünftes Kapitel

DIE GUTE ALTE WEIHNACHTSZEIT

James Stephens
WEIHNACHTSGEFÜHL

Die Knospen am Kastanienbaum
weckten mich aus Frühlingstraum,
spöttisch rief die Nachtigall,
flinke Sängerin der Lust,
mit poetischem Geschall
mir den Sommer in die Brust,
sang ein Lied vom Sonnenschein,
sang mich in den Sommer ein.

Frühling, Sommer sind vorbei,
fortgehuscht der Schmetterling,
Glühwurm überm Rasen dort
kleine Monde, wild und frei,
alle mit dem Sommer fort,
und wo grün erglüht der Klee,
knistern Blumen unterm Schnee.

Schnee sich um die Felder schmiegt,
Kuh und Esel kauern müd,
eine Frau ihr Kindlein wiegt,
singt ihm leis ein Wiegenlied,
luftge Stimmen, ganz von fern,
und drei Weise, und ein Stern!

Zweitausend Jahre Schnee verkünden
uns zu weihnachtlichen Düften,
daß ein Singen in den Lüften
uns erlöst von allen Sünden;
wer den Engelsstimmen lauscht,
ist von Hoffnung wie berauscht,
weiß, mit IHM wird neugeboren
alles Glück, das wir verloren.

William Carleton
Die Mitternachtsmesse

Unseren irischen Lesern dürfte der Begriff »Mitternachtsmesse« vertraut sein; doch fragen wir uns, ob jene Leser in den benachbarten Königreichen, die uns mit ihrer Aufmerksamkeit beehren, ohne eine genauere Beschreibung verstehen, was damit gemeint ist.

Diese Zeremonie wurde zum Angedenken nicht nur an die Nacht, sondern an die Stunde, in der Christus zur Welt kam, vollzogen. Es wäre höchst ungerecht, hielte man sie nur für irgendeinen ländlichen Brauch oder gar für ein Relikt aus heidnischen Zeiten; wir ersparen uns jeden weiteren Kommentar, sondern wollen sie einfach nur so beschreiben, wie wir sie selbst miterlebt haben. In einigen Teilen Irlands werden noch immer Mitternachtsmessen abgehalten – jedenfalls bis vor wenigen Jahren. Sie sind jedoch mittlerweile so selten geworden, daß wir die schöne Sitte der Nachwelt wenigstens in einer Schilderung erhalten möchten.

Die Pfarrgemeinde, von der wir hier sprechen, erstreckte sich über ein weites Gebiet, und daher zog diese Mitternachtsmesse besonders viele Menschen an. An Weihnachten hat ein römisch-katholischer Priester, so heißt es, das Privileg, drei Messen zu lesen – an jedem anderen Tag des Jahres sind ihm nur zwei gestattet. So kam es, daß jeder irische Priester zur Mitternacht auf Weihnachten eine Messe las, und zwei am darauffolgenden Morgen.

Daher stand vor etwa zwanzig oder dreißig Jahren gerade die Mitternachtsmesse in dem Ruf, ein besonders wichtiges Hochamt zu sein, das man auf keinen Fall versäumen dürfe. Jedes Mitglied der Gemeinde bereitete sich andächtig darauf vor, und es gab im ganzen Umkreis keine einzige Familie katholischen Glaubens, die auch nur ein Auge zutat, bevor sie nicht

daran teilgenommen hatte. Obwohl sie nur einmal im
Jahr stattfand, hätte wohl jeder, der einmal dabeigewesen, ob Mann oder Frau, um seinen Eindruck befragt
erwidert, selten ein religiöses Schauspiel miterlebt zu
haben, das so großartig und überwältigend war.

Die Nacht, von der ich hier berichte, war rabenschwarz, denn der Mond war schon lange untergegangen, und da die Einwohner des gesamten Kirchspiels
sich an einem bestimmten Ort zusammenfinden wollten, tauchte natürlich das Problem auf, wie ein jeder
von seinem Hause in völliger Dunkelheit zu jener
Stelle gelangen sollte, welche der Priester für die Mitternachtsmesse bestimmt hatte. Diese Schwierigkeit
mußte also überwunden werden. Von etwa elf Uhr
nachts bis zwölf oder eins bot die gesamte Umgegend
ein einzigartiges und phantastisches Bild, das einem
Fremden, der nicht um die Ursache wußte, sicher
überaus geheimnisvoll erschienen wäre. Überall, von
fern und nah, auf Hügeln, in Wäldern und Ebenen sah
man Myriaden von Fackeln leuchten, die sich alle auf
einen Punkt zubewegten. Das Zentrum der Gemeinde
lag in einem Tal, und dort erblickte man von weitem
einen riesigen, ruhigen Brennpunkt rötlichen Lichts,
mit dem sich die unzähligen über die Felder wandernden Lichtpunkte unaufhörlich vereinigten, davon
angezogen wie Motten von einer Kerze. Die Fackeln
bestanden aus Nadelholz, starken Ästen, die nur zu
diesem Anlaß geschnitten, getrocknet und mit einer
lange brennenden Schicht aus Pech und Torf bestrichen
worden waren; ein jeder war damit ausgerüstet und
konnte sich leicht an ihrem weithin sichtbaren Schein
orientieren, woher er auch kam. Die Mitternachtsmesse galt vielen als der eigentliche Höhepunkt des
Weihnachtsfestes und lockte stets solche Volksmassen
an, daß sie bei den meisten Gemeinden unter freiem
Himmel abgehalten wurde, wenn es das Wetter nur
irgend zuließ.

Wie schon erwähnt, machte die zu so später Stunde lichtdurchflutete Landschaft einen grandiosen und fesselnden Eindruck auf den Betrachter. In der Weihnachtszeit waren aller Herzen geöffnet und alle Taschen wieder mit Geld gefüllt, sofern man nicht zu den Ärmsten der Armen gehörte. Nirgendwo sonst habe ich eine solche Hochstimmung der Gemüter, eine solche Freude und Festlichkeit erlebt wie an diesem Ort, an dem ich tausende Menschen sah, Männer und Frauen, alt und jung, jeder mit einer flammenden Tannen- oder Fichtenfackel, wie sie alle die Berge und Hügel hinunterströmten und über Straßen, Felder und Wiesen herankamen, um schließlich in einem breiten Teppich aus Feuersglut zusammenzutreffen. Viel lautes Gelächter war zu hören, das durch die Nacht schallte, ein Echo fand und erwidert wurde; von überall drangen einem heitere Unterhaltungen in breitestem irischen Akzent entgegen, und ab und zu stimmte jemand, der schon mehr als ein Glas über den Durst getrunken hatte, ein Lied an, das, vom Nachtwind getragen, gleich ein Dutzend Kehlen aus den benachbarten Gruppen anregte, den Refrain zu singen.

Auf dem beschwerlichen Marsch war man natürlich an etlichen Pubs und Kneipen vorbeigekommen, und das Stimmengewirr, das sich aus Gesängen, lauten Gesprächen, Lachen und Flüchen zusammensetzte – gelegentlich auch dem Schluchzen eines reuigen Sünders, den der Einfluß des Alkohols und der grandiose Anblick all des festlichen Treibens um ihn herum dazu brachte, in sich zu gehen –, bildete zum Augenschmaus eine höchst vergnügliche Geräuschkulisse.

In den größeren Gasthäusern (von welchen man in Irland gewöhnlich in jeder Ortschaft eines oder zwei in unmittelbarer Nähe der Dorfkirche antrifft) kehrten vor und nach der Messe die Familien zur Weihnachtsfeier ein; diejenigen freilich, die auf Freiersfüßen wandelten, bevorzugten die »shebeens«, kleine Pubs oder Privatwirtschaften, wo man mehr unter sich sein konnte und weniger neugierige Blicke auf sich zog.

Natürlich hatten solche vertraulichen Zusammenkünfte junger Leute mitunter schreckliche Folgen, vor allem, was den Ruf und die Schicksale der daran beteiligten Mädchen betraf. Die vielen heimlichen Liebesaffären und die sich daraus entwickelnden Streitereien unter den Männern, die oft genug in Mord und Totschlag endeten, führten allmählich dazu, daß man in der sonst so schönen und erhebenden Institution der Mitternachtsmesse die Wurzel des Übels zu erkennen glaubte; das dürfte wohl auch der Grund sein, weshalb sie heute nur noch selten zelebriert wird.

In vielen Teilen Irlands herrscht bei der Landbevölkerung nach wie vor die Ansicht, daß es Unheil bringe, sich in der Nacht auf Weihnachten dem Trunke hinzugeben; solch ein Vorurteil ist gewiß durch die Erinnerung an die häufigen Tragödien und Unglücksfälle gefestigt worden, welche sich zutrugen, als dieser Brauch noch mehr im Schwange war.

Doch zurück zu unserer Beschreibung. Alle Gläubigen haben sich nunmehr auf dem Rasen vor der Gemeindekirche versammelt; die ganze Szenerie ist so unwirklich und pittoresk, daß wir dem Leser nur eine unvollkommene Skizze des Bildes liefern können. Stellen wir uns einen Zuschauer vor, der sich um Mitternacht auf einer leichten Anhöhe an der Rückseite der Kirche postiert hat und von dort auf fünf- bis sechstausend brennende Fackeln herabschaut, die sich als rotglühende, zuckende, schier unübersehbare Masse gegen den schwarzen Horizont abheben. Diese Fackeln sind so nah beieinander, daß ihr Licht zu verschmelzen scheint und ein einziges Flammenmeer bildet; und der Anblick der andächtig im Gebet versunkenen Mienen so vieler Menschen unter dem feurigen Baldachin mutet fast wie eine Vision an.

Die Messe findet unter freiem Himmel statt, an einem mit einem Altartuch bedeckten Tisch mit den geweihten Gegenständen für die bevorstehende Zeremonie. Der Priester steht in einer weißen Robe, flankiert von zwei Fackeln, welche die aufgeschlagene Bibel beleuchten, vor diesem Altar und spricht eilig die Gebete mit ausgestreckten Armen und gedämpfter, aber weithin vernehmbarer Stimme. Die vielköpfige Gemeinde ist nun gänzlich verstummt und in andachtsvoller Stille nach vorn gebeugt. Ihre vom Fackelschein erhellten Gesichter haben einen Ausdruck tiefster Versunkenheit angenommen. Dünn über den schwarzen Samthimmel verstreute Gestirne blinzeln milde herab, als nähmen sie teil an diesem außergewöhnlichen Gottesdienst, und spenden eben genug Licht, die rauhen Hügel, Steilhänge und Felsenschluchten und die Umrisse der Bergketten aus dem Dunkel zu heben, ein erhabener und passender Rahmen für die sich vor uns abspielende Szene. Das Ganze hat in der Tat einen unirdischen, märchenhaften Charakter, und die Erscheinung des Priesters in seinem weißen Gewand, der sein Gebet in die mitternächtliche Stille hinaufruft, könnte einen Mann, der an Gespenster glaubt, beinahe in seinem Wahn bestätigen, er wohne einer Versammlung von Geistern bei und »der weiße Mönch« lese für die Verstorbenen eine Messe auf lang vergangene Tage.

Nach Beendigung der Zeremonie verwandelt sich das Bild jedoch schlagartig: Die emporgehaltenen Fackeln geraten in Aufruhr, zucken wild durcheinander und erwecken den Eindruck von Auflösung und Eile, wo vor wenigen Minuten noch totengleiche Starre herrschte. Abermals ertönt immer lauter werdendes Stimmengewirr und herzliches Gelächter, und wieder füllen sich die umliegenden Gasthäuser und Pubs mit fröhlichen Menschen...

Viele der jungen Pärchen schlugen sich hernach, wie es heißt, »in die Büsche«, und noch andere läßliche Sünden

wurden begangen, für welche die Buße nur in einer Er-
mahnung des Pfarrers bei der nächsten Sonntagspredigt
oder einer barfüßigen Pilgerfahrt auf den Lough Derg
bestand. Die frommen und gottesfürchtigen Mitglieder
der Gemeinde mieden den Whiskey und die einla-
denden Gasthäuser auf dem Nachhauseweg und beeilten
sich, in ihr Bett zu kommen und ein paar Stunden zu
schlafen, bevor sie an der Frühmesse teilnahmen, die am
nächsten Morgen bei Tagesanbruch stattfand.

Die gleiche Anzahl von Fackellichtern verströmte
sich demnach in ganz verschiedenen Richtungen in die
Nacht. Die verheirateten Männer hielten ihre Frauen
im Arm, um sie in der Dunkelheit nicht zu verlieren,
und die Junggesellen an der Seite ihrer Liebsten ließen
nicht selten ihre Fackeln verlöschen, auf daß sich jene
im Dunkeln nur ja recht fürchteten und schutzbedürftig
näher an sie herandrängten...

Maeve Binchy
EIN FRÜHREIFES KIND

Als ich noch jung und verwöhnt und verzogen war,
anstatt alt und verwöhnt und verzogen zu sein,
beschloß ich an einem Weihnachtsvorabend, all meine
früheren Briefe an den Weihnachtsmann zu widerrufen
und ihn um ein Puppenhaus zu bitten. Umständlich
und mit vielen Entschuldigungen setzte ich Wunschzet-
tel Numero zwei auf, plazierte ihn gut sichtbar auf dem
Kaminsims, ging glücklich zu Bett und löste Traurigkeit
und Verstörung bei denen aus, die mir eine hübsche
Schiefertafel und 50 Stück verschiedenfarbiger Kreide
gekauft hatten.

Man konnte einem Kind doch das Weihnachtsfest
nicht verderben, beratschlagte man aufgeregt, aber auf
der anderen Seite hatten alle Geschäfte schon geschlossen, und ein Puppenhaus war nirgends mehr aufzutrei-
ben. So versuchten meine Eltern, eines zu basteln.
Stunde um Stunde mühten sie sich mit einer großen
Schachtel ab, die sie weiß bemalten, in die sie Fenster
hineinschnitten und an der sie Schornsteine anbrach-
ten, die immer wieder herunterfielen. Eine der seltenen
Streitereien ihres Ehelebens entstand über ihrer gemeinsamen Unfähigkeit, so etwas Simples wie ein Puppenhaus zu bauen.

»Jungen sollte man auf der Schule ein Mindestmaß
an handwerklichem Geschick beibringen«, stöhnte
meine Mutter, als die Hausfront zum soundsovielten
Male einsackte.

»Frauen könnten ruhig ein bißchen mehr von Kin-
derspielzeug verstehen«, versetzte mein Vater, als er
abermals den Topf mit Klebstoff hervorholte.

Dann dachten sie an Stroh und ob sie vielleicht
ein Puppenhaus im hawaiianischen Stil anfertigen sollten, was jedoch keine so gute Idee gewesen wäre, falls

ich noch nie was von Häusern in Polynesien gehört hätte.

»Für all das viele Geld, das wir in diese teure Schule stecken«, sagte mein Vater, »sollte man eigentlich erwarten, daß sie wenigstens die Grundbegriffe der Geometrie kennt.«

»Geographie«, verbesserte ihn meine Mutter. Aber das Stroh war sowieso feucht, und so mußten sie sich was anderes ausdenken.

Ein Puppeniglu mit Holzwolle als Schnee wurde in Erwägung gezogen und wieder verworfen. Ein Puppenwigwam schien gar kein so schlechter Gedanke zu sein, vorausgesetzt, sie hätten es fertiggebracht, eine Puppe als Indianerin zu verkleiden. Aber dazu brauchte man Felle, Häute oder Leinwand. Der Kissenbezug, den meine Mutter schon zerschnitten hatte, erzielte jedenfalls nicht den gewünschten Effekt.

Beide dachten nun an meine jüngere Schwester, die so viel einfacher zufriedenzustellen war und der schon ein Teddybär oder eine Rassel gefallen, ja, die sogar strahlen würde, wenn sie gar nichts geschenkt bekäme.

»Laß uns fair sein«, sagte mein Vater. »Sie ist erst zwei. Maeve ist sechs.«

»Ich frage mich, ob es überhaupt normal für ein sechsjähriges Mädchen ist, sich ein Puppenhaus zu wünschen«, sagte meine Mutter. So vertrödelten sie eine weitere Stunde damit, Standardwerke über normale Sechsjährige von Dr. med. Usa und ähnlichen Kapazitäten durchzuforsten, mit dem Ergebnis, daß mein Wunsch zwar normal, aber verdammt lästig war. Also begannen sie wieder von vorn.

Sie holten Ziegel und Steine aus dem Garten. Sie zogen das Nachschlagewerk ›Tausend Dinge, die ein Junge machen kann‹ zu Rate, fanden darin aber nichts über die Herstellung eines Puppenhauses. Dafür las sich mein Vater interessiert bei einer Passage fest, in der es darum ging, daß eines der tausend Dinge, die ein Junge machen kann, darin besteht, einen Tunnel quer durch den Garten zu graben, mit dem sich Blumenbeete bewässern lassen. »Das ist genau das, was wir an Weihnachten gebrauchen können«, seufzte meine Mutter, »daß dir die Nachbarn dabei zusehen, wie du die Blumenbeete mit unterirdischen Tunnels bewässerst.«

Es war bereits kurz vor Tagesanbruch. Das dickliche, rosige Engelchen schlief tief und fest im Vertrauen auf die Allmacht des Weihnachtsmannes. Sie schlichen in mein Kinderzimmer, stellten die Schiefertafel auf und schrieben mit einer der Kreiden eine Nachricht darauf.

»Liebe Maeve. Euer Kamin ist zu eng, und ich schaffe es nicht, das Puppenhaus hinunterzubringen. Bitte sei nicht traurig. Ich werde es dir als Sondergeschenk irgendwann im Januar zukommen lassen. Du bist dieses Jahr ein gutes Mädchen gewesen. All die Rentiere haben nach dir gefragt. Alles Liebe, Dein Weihnachtsmann.«

Es war Morgen, und ich trommelte mit leuchtenden Augen auf meine schlafenden Eltern ein, sie sollten aufwachen. Aufwachen? Nach gerade mal zwei Stunden Schlaf war das für sie keine leichte Aufgabe. Dann wirkten sie ziemlich verschreckt. Drohte ich, meine Siebensachen zu packen und in die große weite Welt zu gehen? Gab es Tränen und Wutanfälle, die allen den Tag verderben würden? Nichts dergleichen.

»Das glaubt ihr nicht!« rief ich. »Der Weihnachtsmann hat mir eine persönliche Mitteilung hinterlassen. Sie steht auf so 'ner doofen Schiefertafel, aber mit seiner Handschrift ist sie sicher ziemlich wertvoll. Niemand hat je was Handschriftliches vom Weihnachtsmann zu Gesicht bekommen. Wir müssen das unbedingt jedem zeigen. Wir könnten die Tafel an ein Museum ausleihen und viel Geld dafür nehmen.«

Es wurde ein schönes Weihnachtsfest, wie alle Weihnachten, die wir gemeinsam verbracht haben. Das einzige, was mich jetzt in dieser Jahreszeit immer ein wenig traurig stimmt, ist, daß ich vergessen haben könnte, ihnen zu sagen, daß ich sie sehr, sehr ... aber wahrscheinlich wußten sie's auch so.

Sechstes Kapitel

CHRISTBÄUME

Clare Boylan
DER GEIST DES WEIHNACHTSBAUMS

Drei Wochen vor Weihnachten fingen wir an, die Christbäume zu zählen. Auf dem Rücksitz von Papas Wagen zusammengedrängt und unter striktem Redeverbot, um seine Konzentration nicht zu stören, wenn er auf eine Ampel zufuhr, schabten wir still an den beeisten Fenstern und hinterließen Gucklöcher mit vielen kleinen weißen Ästchen und Äderchen darin, wie Fliegenflügel. Da huschten sie vorbei, die echten und künstlichen Kerzen in abgedunkelten Wohnstuben, als wären sie Markierungslichter auf der Landebahn des außergewöhnlichen Ereignisses, das vom Himmel auf uns herabkommen würde. In der ersten Woche konnte man nur zwei oder drei Christbäume entdecken, meist in den großen, stattlichen Häusern. In der zweiten gab es dann schon elf oder zwölf, und schließlich, am letzten Sonntag, wenige Tage vor Weihnachten, sah man überall hinter den Fenstern welche – majestätische Tannen, die wie Könige geschmückt waren, oder auch einzelne, krumme Zweiglein, aber immer alle im Lichterglanz, Lichter, die glänzten und Wärme verbreiteten, so ungefähr wie kandierter Zucker. Eine stille Gemeinschaft, die hoffnungsfrohe Lichtsignale gab.

Wozu? Kaum jemand schien das zu wissen. Aber ich wußte es. Der Geist der Christbäume signalisierte durch die Lichter dem Weihnachtsmann, welche Häuser er besuchen sollte. Dieses bunte, feenhafte Licht führte ihn auf den rechten Weg. Ich weiß nicht mehr, wo ich das aufgeschnappt hatte, wahrscheinlich in irgendeiner Geschichte, aber ich war mir ganz sicher, daß es stimmte. Warum? Na, weil es eben stimmig war. Weil es Sinn ergab.

Damals wußten wir noch nicht, wie das ist, sich zu verlieben, aber die Atmosphäre in diesen Wochen vor

Weihnachten, dieses Gefühl eines unaufhaltsamen Wunders kam dem Gefühl des Verliebtseins sehr, sehr nahe. In der Welt des Alltäglichen, in der wir für den Ernst des Lebens erzogen und zurechtgestutzt wurden, entstand so etwas wie ein Vakuum, eine Raumkapsel, in der wir uns eine Weile treiben lassen und Engel oder Astronauten sein konnten. Wir trugen ein schimmerndes Gewand des Staunens und der Verzückung. Nichts berührte uns mehr – weder die eisig stechende Dezemberluft, die nach Nebel und Frost schmeckte, noch die seltsam gedrückte Stimmung, die über unseren Eltern lag, als wir von Opas und Omas Haus heimfuhren. Merkwürdig war nur, daß die glückliche Spannung, die uns Kinder gefangenhielt, unsere Eltern auf dem falschen Fuß zu erwischen schien. Es konnte einem kaum entgehen, daß sie, je dichter die märchenhaft erleuchteten Tannenwälder in den Vorstädten emporwuchsen, zunehmend verschlossener und eigenbrötlerischer wurden.

Das herannahende Weihnachtsfest traf sie immer, als sei ein Krieg ausgebrochen. Mutter fuhr mit grimmigem Blick in die Stadt, um Vorräte anzulegen, und schimpfte über die Menschenmassen und die unverschämten Preise. Vater fluchte vor sich hin, wenn er die ziehharmonika-artigen Papierdekorationen aufhängte, die ständig rissen und sich wie ungezogene Schlangen durch unser düsteres Wohnzimmer ringelten. Die schwerste Prüfung war jedesmal das Aufstellen des Weihnachtsbaumes. Die große Tanne wurde wie ein toter Bär ins Haus gezogen, dann in eine aufrechte Position hochgerungen und unter vielen Verwünschungen in den Christbaumständer hineingepfercht, der, da alles noch mehrmals umfiel, durch eine komplizierte Anordnung von Steinen beschwert werden mußte. Wenn Vater es endlich, tannennadelgespickt, geschafft hatte, war er jedesmal am Ende seiner Kräfte und sah irgendwie beleidigt aus, so als hätte ihn der Baum, dessen grüner Duft nun das ganze Haus erfüllte, mit Fleiß zum Narren gehalten.

Die Überraschungspäckchen vom Weihnachtsmann enthielten Jahr um Jahr die gleichen Überraschungen: Schokoladentaler in Goldfolie, eine Orange oder Bonbons. Unsere Eltern schenkten uns Bücher, unsere Großeltern Plätzchen, eine Büchse mit Süßigkeiten und eine Kiste mit Mandarinen, die wie Wichtelmännchen aussahen, in Kleidchen aus Seiden- und Silberpapier gehüllt. Tante Josie brachte zuverlässig eine Flasche »Gilbey's Cocktail« für Mutter mit und für uns Mädels warme Baumwollunterwäsche.

Kleine Geschenke von entfernten Verwandten hingen von den Christbaumzweigen oder häuften sich drumherum – Badeseifen, Puzzlespiele und verschiedene Pralinen in Schachteln, die in der Regel mit »Auslese« oder »Exquisit« beschriftet waren. Dennoch herrschte jedes Jahr die gleiche bange Erwartung und Vorfreude, und wenn der Tag, stets nach dem gleichen Muster, geendet hatte, stahl ich mich jedesmal noch einmal ins Wohnzimmer und suchte den Weihnachtsbaum nach einem unentdeckten Geschenk ab, das ich für mich behalten konnte, ohne zu wissen, von wem es stammte. Gewöhnlich suchte ich vergebens, aber das machte nichts. Allein die Spannung war es schon wert.

Wie in der Liebe ist das Entzücken stets von einem kleinen, aber fatalen Fehler oder Mangel bedroht. So in diesem einen Jahr. Nur zwei Tage vor Weihnachten, und wir besaßen noch immer keinen eigenen Weihnachtsbaum.

Im Umgang mit unseren Eltern hatten wir es uns zur Gewohnheit gemacht, nie ein Gesprächsthema direkt anzuschneiden. Entweder wir wählten die »Aushungerungstaktik« und redeten endlos um den heißen Brei herum, oder wir traten mit unseren Wünschen und Vorschlägen zunächst nur an ein Elternteil heran. Dann gestatteten wir ihnen, die Sache erst untereinander durchzukauen, bevor wir den anderen Elternteil mit dem gleichen, diesmal bescheidener gefaßten Ansinnen festnagelten. Wären wir gleich damit herausgeplatzt, hätten sie doch nur reagiert wie Kaninchen im Scheinwerferkegel.

Das lag daran, wie wir erst Jahre später verstanden, daß beide so verschieden auf alles reagierten und es daher ein Ding der Notwendigkeit war, ihnen die Chance zu geben, sich auszutauschen, einen Konsens zu finden, bevor sie zu einer gemeinsamen Entscheidung gelangen konnten. Unsere Wißbegierde und unsere Nörgeleien, ja sogar die unschuldigste Frage stellte ihr Intimleben, das wir nie recht begriffen, immer wieder auf eine harte Probe.

»In der Camden Street verkaufen sie jetzt Christbäume zu Schleuderpreisen«, sagte Betty harmlos.

»Wird wohl daran liegen, daß sie Angst haben, drauf sitzen zu bleiben«, fügte Mercy beiläufig hinzu, obwohl man bei näherem Hinschauen ihr Herz unter ihrem Kleidchen bumpern sehen konnte.

»Fast alle haben schon einen.«

»Und wann kriegen wir unseren?« fragte ich unklug; das war schon viel zu weit vorgeprescht.

Mutter stand vom Tisch auf und begann das Geschirr abzuwaschen, obwohl wir immer noch mit unseren Makkaroni herumspielten.

Vater vertiefte sich wortlos ins Essen, brauchte diesmal endlos lange, sah aus dem Fenster, hinter dem der frühe Nachmittag den Himmel bereits grau verhüllt hatte, und sagte dann, so als rede er nur über das Wetter: »Es gibt dieses Jahr keinen Weihnachtsbaum.«

Es entstand eine kurze, purzelbaumschlagende Pause, und dann fingen Betty und Mercy an zu lachen. Vater war oft zu Scherzen aufgelegt und machte dabei ein todernstes Gesicht. Ich besaß noch keinen Sinn für diese Art von Humor und fing an zu heulen. Mutter eilte zu meiner Rettung herbei, und Vater klatschte beide Hände auf den Tisch und rief: »Es gibt dieses Jahr keinen Weihnachtsbaum, keinen Truthahnbraten, keine Geschenke oder sonst irgendeinen Blödsinn!« Seine Stimme klang ärgerlich, aber gleich darauf schien es ihm leid zu tun, und er fügte sanfter hinzu: »Es geht uns finanziell nicht so gut. Wir haben Schulden. Wir müssen alle zusammenhalten. Es ist ja nur ein Tag wie jeder andere.«

Wir saßen alle mucksmäuschenstill um den Tisch herum, bis Vater aufstand und aus dem Zimmer ging.

»Wir schulden niemandem Geld«, meuterte Betty.

»Er muß das Auto verkaufen«, sagte Mutter mit Grabesstimme. »Der Ärmste wird bald mit dem Fahrrad zur Arbeit müssen.«

Mit keiner Silbe erwähnte sie irgendwelche Entbehrungen, die auf sie selbst zukamen. Frauen sprachen nie über so etwas. Sie erzählte uns auch nicht – wir erfuhren es erst nach vielen Jahren –, daß er schon vor sechs Monaten seine Stellung verloren hatte und daß beide so taten, als sei alles in Ordnung und ginge weiter wie bisher, immer in der vergeblichen Hoffnung, daß er was anderes fände. Aber er fand nichts anderes. In der Post waren immer nur Rechnungen, Rechnungen, Rechnungen.

»He!« rief sie betont fröhlich aus, »ich glaube, wir haben noch eine Dose Ananas im Schrank. Was haltet ihr davon, wenn ich uns einen schönen Ananaskuchen backe?«

Mercy war acht Jahre alt, ein kleines feenhaftes Mädchen mit weißblondem Haar, das sie unnatürlich blaß wirken ließ. Aber nun war auch das letzte bißchen Farbe von ihrem Gesicht verschwunden.

»Sie haben Weihnachten gestrichen«, sagte sie, als wir wieder allein waren. »Das geht nicht«, sagte Betty, »das können die gar nicht. Jedes Jahr ist Weihnachten, und der Weihnachtsmann kommt so oder so, da haben die gar keinen Einfluß drauf.«

»Aber der kommt doch nur, wenn ein Weihnachtsbaum am Fenster steht«, gab mein dünnes Stimmchen zu bedenken. Jetzt erst ging mir in aller Deutlichkeit auf, was Vaters Eröffnung wirklich zu bedeuten hatte. »Ohne Weihnachtsbaum findet der uns nie! Und überhaupt, der geht gar nicht in Häuser, wo's keinen Weihnachtsbaum gibt!«

Betty überlegte lange und kam schließlich zu einem Entschluß.

»Ich denke«, sagte sie feierlich, »das beste wird sein, wenn wir in der Kirche eine Kerze anzünden und ein Gebet aufsagen.«

Die alten Heiligen mit ihren langen Gewändern, Gesichtern und Bärten stimmten uns nicht gerade zuversichtlich. Denen schien es wunderbar in den Kram zu passen, wenn es anderen Leuten schlecht ging, und hätten sie reden können wie die Erwachsenen, wäre nicht viel mehr dabei herausgekommen, als daß dies eine willkommene Gelegenheit sei, dereinst des Himmelreiches teilhaftig zu werden und edelsteingeschmückte Kronen zu tragen. Danke und Amen, aber das war nicht das, was wir wirklich wollten. Wir knieten andächtig vor der großen Weihnachtskrippe mit den vielen bunten Figuren und sandten ein gemeinsames Stoßgebet gen Himmel. Ich denke, überall auf der Welt wünschen sich alle Kinder so ziemlich dasselbe.

Auf dem Nachhauseweg war es so dunkel, daß die Erde wie ausgelöscht schien. Sie wurde nur noch von den glitzernden Pfeilspitzen der Weihnachtsbäume erleuchtet, die wir voller Verzweiflung zählten. Jeder hatte einen. Sogar unsere doofe Straße erstrahlte in den herrlichsten Farben. Selbst bei den Parkerschwestern stand einer im Fenster. Ich war den älteren Mädchen vorausgelaufen und langte nach dem Parkerschen Türklopfer, bevor die anderen mich daran hindern konnten. »He, laß das, was machst du da?« riefen sie entsetzt. Aber die Geschwister Parker, die Quäker und in der Nachbarschaft wegen ihrer Wohltätigkeit bekannt waren, öffneten bereits und sahen mich freundlich an. Ich sprudelte hervor, daß sich unser Vater dieses Jahr keinen Weihnachtsbaum leisten könne und der Weihnachtsmann unmöglich unser Haus finden würde, wenn wir als einzige keinen hätten.

Die mitfühlenden Schwestern kamen sogleich überein, uns ihren Weihnachtsbaum zu überlassen. Sie halfen uns sogar, ihn ein Stück die Straße hinauf zu tragen; der ganze Christbaumschmuck klinkerte und wisperte und sang, als wir ihn auf unser Haus zuschleppten, und vielfarbige Lichtreflexe huschten und flirrten über den Asphalt. Mutter fiel zwar aus allen Wolken, als sie die Tür aufmachte, nahm den Baum jedoch in ihrer Verwirrung dankend entgegen. Wir stellten ihn erst einmal im Flur ab und verbrachten den Rest des Nachmittags damit, das kalte Lametta zu streicheln, das die Geschwister Parker ebenso liebe- wie kunstvoll durch die Zweige drapiert hatten. Es fühlte sich an wie das Haar von Seejungfrauen oder Wassernixen.

Ein paar Stunden später konnte man Vater wütend die Straße entlangschlurfen sehen, der den üppig geschmückten Baum wie eine Angriffsrakete umklammert hielt. Wir rannten aufgeregt hinterdrein, klaubten herabgefallene Dekorationen auf, die ab und zu auf den vereisten Bürgersteig klickerten, und versuchten verzweifelt, das wiederzufinden, was davon uns gehörte. Die Schwestern Parker musterten ihn mit haßerfüllter Sympathie, als er ihnen auseinandersetzte, daß seine Familie keineswegs auf ihre Wohltätigkeit angewiesen sei.

Mercy und ich schauten auf Betty. Sie war die Älteste, also war es an ihr, eine Idee zu haben und einen Entschluß zu fassen. Sie mußte irgend etwas tun, sonst war es um unseren Glauben und unsere Zuversicht geschehen, und Weihnachten würde nie wieder sein wie früher.

»Also gut«, sagte sie, »wir brauchen keine Erwachsenen. Wir besorgen uns unseren Weihnachstbaum
selber.«

»Wo denn, Betty? Wann? Wie?«

»Ich denke darüber nach«, antwortete sie.

Am nächsten Tag ging sie allein aus dem Haus. Sie
blieb lange fort. Wir erwarteten fieberhaft ihre Rückkehr und beobachteten hinter den Wohnzimmergardi-
nen die Straße. Als sie dann endlich kam, sah sie klein
und verfroren aus. »Na, hast du einen, hast du einen?«
fragten wir durcheinander, obwohl keine Spur von
einem Weihnachtsbaum zu sehen war. Sie nickte müde.
»Und wo isser, und wo isser?« Sie nahm die Hand aus
der Manteltasche und zeigte uns einen mickrigen
grünlichen Tannenzapfen.

»Den hab ich gefunden«, sagte sie. »Wir pflanzen ihn
im Garten ein, dann wächst daraus ein Bäumchen nur
für uns.«

»Aber das dauert doch ewig«, jammerte ich.

»Dann sollten wir besser gleich damit anfangen«,
sagte Betty unbeirrt.

In unserem Garten gab es einen Apfelbaum, einen
dürren Forsythienstrauch und im Frühjahr ein Beet mit
Goldlack an der Mauer. Hinter dem Haus befand sich
ein halbvergessenes Stück Rasen, wo wir kaum jemals
gespielt hatten und Blätter, Äste und Abfälle von Blumen und welken Pflanzen einen Komposthaufen
bildeten. Betty trug uns auf, einen Teil von dem alten
Zeug wegzuräumen und eine freie Stelle zu schaffen,
wo wir ein Loch buddeln konnten. Lustlos tauchten
wir unsere Fäustlinge in das filzige Gestrüpp und fingen
an, halbverbrannte Dachpappe, Blumentopfscherben
und die Reste unseres Gummibaums daraus hervorzu-
ziehen und woandershin zu werfen. Unter dem ganzen
Gerümpel lag irgend etwas Hartes, Großes; was immer
das sein mochte, man konnte fühlen, daß es seine Form
behielt, wie die tausend Jahre alte Moorleiche, von der

ich mal in einem Buch gelesen hatte. Jetzt kam auch etwas zum Vorschein, das entfernt wie ausgedörrte Finger aussah, die gegen den Himmel wiesen. Wir schaufelten das Ding frei und starrten auf eine wunderschöne Form, wie das Skelett eines Blattes oder wie ein riesiger abgenagter Fisch, von dem nur das Rückgrat und die Gräten übriggeblieben waren, oder wie der Mast eines vor langer Zeit gesunkenen Schiffes, an dem noch Reste der Takelage hingen. Man konnte nur mit sehr viel Mühe einen Weihnachtsbaum darin erkennen – aber, kein Zweifel, es war ganz eindeutig einer. Wir zogen ihn im Triumph und unter gemeinsamer Anstrengung heraus.

Einige der Äste waren abgebrochen, aber es war einmal ein stattlicher Weihnachtsbaum gewesen, bevor er seine festliche Pflicht in einem besseren Jahr erfüllt und man ihn ausrangiert hatte. Und er gehörte uns. Wir hatten ihn wiedergefunden.

»Sieht ein bißchen braun aus«, sagte Mercy beschönigend, weil sie nicht als Miesmacherin dastehen wollte.

»Keine Sorge«, sagte Betty, und ihre Augen blitzten. »Den kriegen wir schon grün.«

Etwas hatte Betty in der Schule gelernt, nämlich wie man aus Kreppapier Blätter für kahle Äste macht. Wir besaßen alle zusammen Sixpence, dafür kauften wir zwei Packen dunkelgrünes Papier, schnitten es in lange Streifen und wickelten es um die Zweige. Die Enden befestigten wir mit Tesafilm. Dann schnipselte Mercy, die am meisten künstlerisches Talent besaß, Fransen in die übriggebliebenen Streifen, die wir zuletzt so gekonnt anklebten und drapierten, daß das Ganze – im Dunkeln und aus einiger Entfernung – wirklich an einen Nadelbaum erinnerte. Es gelang uns, das Ungetüm schrittchenweise und in unzähligen Etappen ins Haus zu wuchten und gegen das Wohnzimmerfenster zu lehnen. Sogar dort sah es, bei Licht betrachtet, prächtig weihnachtlich aus.

Als Vater heimkam und unsere mumifizierte Garten-
bauleiche entdeckte, hielten wir für einen Moment lang
alle den Atem an.

Er runzelte die Stirn. Er schien zu überlegen. Endlich
rang er sich zu einem Kommentar durch. Seine Stimme
wirkte eigenartig, als ob er erkältet sei.

»Das ist ... eh ... das ist hübsch«, sagte er. Er beugte
sich zu uns herab und streichelte unser Haar, ebenso
behutsam wie wir das silbrige Meerjungfrauenhaar am
Weihnachtsbaum der Geschwister Parker berührt hatten. »Ich denke... ich glaube, es wird heuer doch noch
ein schönes Weihnachten geben.«

Von da an nahm alles seinen gewohnten Gang. Er
holte zwei große Pappkartons vom Speicher, den mit
den elektrischen Kerzen und den mit dem Christbaumschmuck und griff mit beiden Händen in den
verhedderten Wust staubiger Kabelverschlingungen.
Die Elfenlichter gluksten und klinkerten in heimlicher
Vorfreude wie Porzellantäßchen, als er sie auseinander-
wuselte, und dann stand er wieder einmal auf der aus-
klappbaren Leiter, gänzlich vertieft in seine Privatfehde
mit der Technik, schmeichelte und fluchte, besänftigte
und verwünschte, schrie manchmal »aua« und stieß
hochinteressante Flüche und unanständige Wörter aus,
so daß Mutter es für besser hielt, uns aus dem Zimmer
zu scheuchen, während die bunten Lichter zitterten
und bebten, bis sie sich zu guter Letzt seiner männli-
chen Autorität und seinem Siegeswillen unterwarfen.
Urwälder aus Lametta beruhigten sich allmählich,
hörten auf zu wispern und schimmerten nur noch ver-
heißungsvoll. Knalliges Bunt verdrängte sämtliche anderen gediegenen Farben und Umrisse im Raum, und
magische Lämpchen erglühten im Fenster.

Ich konnte in dieser Nacht nicht einschlafen. Im
Morgengrauen stahl ich mich auf den Flur hinaus, um
zu sehen, ob der Weihnachtsmann auch wirklich
dagewesen war. Ehrlich – ich hatte so meine Zweifel,

ob der Geist des Weihnachtsbaums wirksam wäre. Konnte doch immerhin sein, daß der Weihnachtsmann auf solche Finten nicht hereinfiel oder daß der grün verpackte olle Strunk kurz vor dem Ziel schlappmachte und die Lichter ausgehen ließ. Irgendwo tief in meinem Inneren regte sich zugleich der Verdacht, daß es vielleicht überhaupt nie mehr ein Weihnachten geben würde, weil unsere Eltern pleite waren, ja, daß alles im Endeffekt nichts als ein ausgemachter Schwindel wär', von Vater und Mutter ausgeheckt... Da lagen sie aber dann doch, die Geschenke vom Weihnachtsmann. Ich platzte vor Neugierde, stürzte mich auf mein Päckchen, riß es auf und jauchzte beglückt, als die altbekannten Dinge zum Vorschein kamen.

Aus Vaters Schlafzimmer hörte ich seine müde, brummige Stimme:

»Marsch ins Bett mit dir, sonst gibt es morgen keine Bescherung!«

Mir stockte der Atem. Mein Herz klopfte bis zum Hals. Eine lähmende Stille trat ein, bis Betty auf einmal trotzig ins Halbdunkel rief: »Darüber hast *du* nicht zu bestimmen! Die Geschenke sind nicht dein Eigentum!«

Wir hatten sogar einen richtigen Truthahn, den Vater bei einer Tombola gewonnen hatte – sagte er jedenfalls. Es war ein riesiges, dinosaurierhaftes Vieh, dessen blasse Nacktheit geradezu anstößig wirkte. Man hätte ihm am liebsten etwas übergezogen, wenigstens ein Unterhemd. Während wir unter unserem Weihnachtbaum das neue Puzzlespiel zusammensetzten, drangen aus der Küche die Geräusche eines verzweifelten Kampfes. »Jetzt geh' schon endlich 'rein«, stöhnte Mutter, die sich abmühte, den Vogel ins Backrohr zu zwängen.

Meine Schwestern haben diese Geschichte ihren Kindern erzählt, und die fanden sie reichlich trist. Aber für uns drei war es das schönste Weihnachten, das wir je erlebt hatten. Es war das Jahr, in dem *wir* dafür sorgten, daß es überhaupt ein Weihnachten gab.

Naja, schon gut, ich will nicht übertreiben. Vielleicht hätte es sich auch ohne uns ereignet, einfach so. Oma, Opa und Tante Jo kamen zu Besuch wie jedesmal, der Monstertruthahn wurde schließlich doch noch gar und verspeist, und danach hielten alle selig-satt ein kleines Nickerchen. Schließlich, zum Abschluß, schlich ich wie üblich noch einmal ins Wohnzimmer zurück, um nachzuschauen, ob nicht vielleicht doch irgendein Geschenk übersehen worden war.

Ich wanderte um diesen wunderlichen Weihnachtsbaum herum, ein mit grünem Papier umwickeltes

Skelett, dessen Zweige geheimnisvoll knisterten. Und dann sah ich es. Ein winziges Päckchen an einem nach oben geknickten Ast. Es hing da an einem goldenen Faden und war in rotes Papier gewickelt. Ich band es vorsichtig los und machte es ganz andächtig und behutsam auf. Es enthielt ein Emailledöschen. Auf dem Deckel war das Bild einer schwarzen Katze, umrahmt von blauen Blumen. Und als ich es aufklickte, waren winzig kleine Fruchtpastillen mit Zuckerglasur darin. Ich schloß es wieder und steckte es in die Tasche. Mein Herz tauchte in jene vollkommene Seligkeit ein, wie sie Liebende empfinden, wenn sie trotz aller Widrigkeiten fest aneinander geglaubt haben und für ihre Zuversicht vom Schicksal belohnt werden.

Mannix Flynn
'NE TOLLE FRAU

Zuhause half ich meiner Ma in der Vorweihnachtszeit immer, die Christbäume zur Camden Street hochzuschaffen, die sie an ihrem Stand verhökerte. Das Geziehe und Geschleife, Tannen die Straße 'rauf und 'runter zerren, ich haßte das. Alle paar Meter mußte man 'ne Pause einlegen und sich mit den Zähnen Tannennadeln aus den Händen ziehn. Ich half auch mit, die Dinger an den Mann zu bringen, und pries sie den Leuten an wie warme Semmeln. Jedesmal, wenn ich 'ne neue Fuhre im Kinderwagen zu Ma's Bude 'raufschob, kam ich mir vor wie der letzte Idiot. Alle Kinder in unserem Wohnblock schauten mir nach, und mein Kopf leuchtete wie 'ne Ampel, so peinlich fand ich das. Manchmal purzelten mir die Tannen vom Kinderwagen 'runter und rollten auf die Straße. Dann brach gewöhnlich der Verkehr zusammen. Busfahrer kriegten Schreikrämpfe, und man wurde halb taub von all dem Gehupe. Die ganze Straße war minutenlang blockiert, und keiner konnte vor oder zurück. Die Passanten drängelten sich auf den Bürgersteigen und gafften wie blöde, daß ihnen nur ja nix entging. Und ich stand mittendrin im allgemeinen Chaos, bemühte mich, die verdammten Tannen auf meinen Kinderwagen zurückzuhieven, die Hände gespickt mit Nadeln, die Birne glühend rot. Ich konnte von Glück sagen, daß nie ein Stier in der Nähe war. Wenn ich sie dann endlich meiner Ma brachte, wartete sie schon auf mich, die Arme in die Hüften gestemmt und mit einem Ausdruck in den Augen, der besagte: »Alles in Deckung! Gleich knallt's, gleich explodiert sie.« »Du!« pflegte sie mich anzuschnauzen, »du saudummes Schwein du! Über 'ne Stunde steh ich mir hier die Beine in den Bauch. Ich könnte die Bäumchen längst verkauft haben. Jesus, Maria und Joseph, womit hab ich das verdient? Warum muß ausgerechnet *ich* 'ne ganze Blase Versager in die Welt setzen?« Jeder, der an uns vorbeiging, schaute Ma an, als wär sie übergeschnappt oder besoffen, oder weiß der Teufel was. Oft kippte ich nur die Tannen vor ihr auf die Straße und machte mich aus dem Staub, bevor sie sagen konnte: »Gerard, sei so lieb, lauf doch bitte noch mal 'rüber und bring mir 'n halbes Dutzend her, du weißt schon, die mittelgroßen, das wär dann alles. Ja, so ist's brav, bist ein Schatz.« Aber ich hörte meistens gar nicht hin und war die Grafton Street 'runtergepest, ehe sie den ersten Satz zu Ende gebracht hatte.

Der Morgen war frisch, der scharfe, kalte Wind zerzauste meine eben von Ma frisierten Haare und pfiff durch die Christbäume, die an den Kellergeländern im Hof lehnten. Sie erstreckten sich den halben Wohnblock lang, nach vorn 'raus immer sieben bis acht und nahmen 'ne Menge Platz in Anspruch. Ein richtiges

Tannenwäldchen, simsalabim, mitten in Dublin. Ma lud gerade Obst und Gemüse auf ihre Karre. Meine Aufgabe war's, alle kleinen Bäume 'rauszusuchen und zum Markt zu bringen. Diesmal machte 's mir nicht so viel aus, ringsum schlief noch alles. Keine Zuschauer, keine Peinlichkeit. Ma war guter Laune und summte vor sich hin. Ich drang in unseren Privatnadelwald ein. Als ich ungefähr 'n Dutzend mickriger Tannen 'rausgefischt hatte, bemerkte ich, daß meine Ma mit dem Hausmeister sprach. Ich unterbrach meine Arbeit, ging zu ihnen hin und stellte mich neben Ma. Der Hausmeister teilte ihr mit, daß der Innenhof vom St. Patrick's Haus als Spielplatz für die Kinder aus der Gegend angelegt worden wär und er sie auf Anordnung der Stadtverwaltung auffordern müsse, die Christbäume umgehend zu entfernen. Der Mann redete ganz schön geschwollen daher, aber irgendwo hatte er recht. Im Hof standen so viele Tannen 'rum, daß man 'ne Axt brauchte, um sich 'n Weg durchzuhauen. »So, jetzt halten Sie mal die Luft an, guter Mann, und sperren Sie die Ohren auf, ich sag's nämlich nur einmal: die Bäumchen da sind mein Lebensunterhalt. Mit dem Geld, das ich an ihnen verdiene, ernähre und kleide ich meine Kinder, klar? Ich krieg' von nirgendswoher 'ne Unterstützung, ich mach' alles alleine, kein Schwein hilft mir dabei. Verstehn Sie, das is 'ne ehrliche, anständige Arbeit, nich so'n windiger Job wie Sie einen haben, den lieben langen Tag nix als 'rumstehn und 'rumschnüffeln und Drinks von Leuten schnorren, die selber nich wissen, wie sie am 1. die Miete bezahlen sollen. Also stehln Sie mir nich meine Zeit, machen Sie, daß Sie wegkommen. Haun Sie ab zu Ihren Verwaltungsfritzen und erzähln Sie denen ruhig, was ich Ihnen gesagt hab.« »Äh --« Er wußte zuerst nicht, was er darauf antworten sollte. »Mrs. O'Neill, ich tu' doch nur, was mir gesagt wird. Das ist nun mal mein Job. Ich muß schließlich auch meine Brötchen verdienen, wissen Sie.« »Ach, papperlapapp. Die Bäumchen bleiben, wo sie sind, bis ich Zeit und Muße finde, sie woanders hinzuschaffen, und damit basta. Das könn' Sie Ihren Bonzen ausrichten. 'N Spielplatz! Daß ich nich lache! Schaun Sie sich doch mal hier um! Das Kind möcht ich sehn, das sich in diesem Drecksloch wohl-fühlt. Etwa die Kinder von Ihrem Boß? Würden die vielleicht hier spielen wollen? Kommen Sie, dampfen Sie ab, ja? Sie gehn mir auf den Geist. Ich hab zu tun. Ich kann's mir nicht leisten, meine Zeit zu verplempern wie Sie.« Ich sah, wie der Mann sich völlig verdattert umdrehte und wegging. Ich wollte was dazu sagen, aber es fiel mir nix ein. Er hatte so'n seltsam torkeligen, gleitenden Gang. Auweia, jetzt hat die den echt zur Schnecke gemacht, dachte ich. Ich sah zu meiner Ma auf, die unbekümmert die letzte Kiste Tomaten auf ih-ren Karren wuchtete. Ich fühlte, wie mein Herz plötz-lich warm wurde und sich ein glückliches Lächeln auf meinem Gesicht ausbreitete. Sie fing wieder an, ihr Lied zu summen. Ich stimmte mit ein, weil ich froh war, echt froh, daß ich so 'ne tolle Frau als Mutter hatte.

Siebtes Kapitel

ÜBER HASEN

ÜBER HASEN

Nach Berichten der Landbevölkerung
an der irischen Westküste
aufgezeichnet von Lady Gregory

Was Hasen angeht, so ist etwas Wunderliches um sie,
und es gibt einige, denen man besser nicht in die Quere
kommt und die sich in jede Gestalt verwandeln können, ganz nach Belieben.

Ein Onkel von mir lebte in der Nähe von Garryland.
Eines Tages gingen er und ein anderer Mann übers
Feld, da sahen sie einen Hasen, und der Hund, den sie
bei sich hatten, hetzte hinterdrein, und sie folgten ihm.
Der Hund hatte den Hasen fast eingeholt, als der auf
ein Haus zulief, dessen zweiteilige Tür unten offen-
stand. Und als er hindurchwischen wollte, bekam ihn
der Hund kurz zu fassen und biß ihn. Mein Onkel und

sein Begleiter kamen heran und gingen hinein, konnten aber nirgendwo einen Hasen entdecken – nur eine alte Frau, die blutete. Es gab also keinen Zweifel daran, daß sie sich zuvor in einen Hasen verwandelt hatte. Später kam mein Onkel in Schwierigkeiten, weil er über seine Verhältnisse lebte und zuviel Geld ausgab. Er mußte sein Land verkaufen und ging nach Amerika.

Ich kenne aber noch eine ähnliche Hasengeschichte, die nicht minder zweifelsfrei verbürgt ist. Ein Mann war mit seinem Windhund auf der Jagd, und der spürte ebenso einen Hasen auf. Und wieder lief der Hase auf ein freistehendes Haus zu, aber bevor er durch eines der Fenster springen konnte, biß ihn der Hund ins Bein. Als der Mann herankam, fand er drinnen eine alte Frau vor und bat sie, nach dem Hasen suchen zu dürfen, der irgendwie hereingelangt sein müsse. Er suchte in jedem Winkel, fand jedoch keine Spur von ihm. Aber als er in die Küche zurückkam, setzte sie gerade einen Kessel aufs Feuer, und er sagte, daß er auch dort nachsehen wolle, nahm den Deckel herunter, da war der Kessel voller Blut. Und bevor sein Hund Jagd auf den Hasen machte, hatte er beobachtet, wie jener Milch aus dem Euter einer Kuh trank. Ja, so war das.

Überhaupt, was Hasen betrifft, da sind immer wieder welche, bei denen es nicht mit rechten Dingen zugeht. Sehen Sie da drüben den Hügel? Es gibt eine kleine Höhle dort oben, in der ich früher heimlich Whiskey braute. Zu dieser Zeit tat ich drei Jahre kaum etwas anderes als zwischen meinem Haus und der verborgenen Destille hin und her zu laufen, immer auf der Hut vor den Gendarmen. Der Whiskey sollte am Weihnachtsabend fertig sein, aber eines Tages im Dezember haben sie mich doch erwischt; das hat mich neun Wochen Gefängnis gekostet und mindestens sechzehn Pound, die der Whiskey wert gewesen wäre, den sie in dieser

Nacht vernichtet haben, versoffen oder auf die Seite gebracht, was weiß ich … Die Welt ist ja voll von Schurken, und der, der mich verpfiffen hat, tat es für zehn Schillinge. Danach mußte er erstmal das Land verlassen und nach England gehen. Aber was wollte ich eigentlich erzählen? Ach ja, eines Nachts, bevor sie mich schnappten, saß ich in der Höhle und paßte auf das Feuer auf, daß es nicht zu hell wurde und auch nicht zu heiß, damit der Hafer nicht verbrannte. Und als ich so herumschaue und die Umgebung im Auge behalte, ob sich keiner von den verfluchten Spitzeln blicken läßt, da sehe ich doch, Gott hab mich selig, zwei Hasen aufrecht auf den Hinterbeinen den Hügel auf der anderen Seite heruntermarschieren, nicht querfeldein, sondern immer den Pfad entlang, den ich selbst gehen mußte, um herzukommen, bis sie unten in dem Wäldchen verschwanden. Und danach kamen weitere zwei, und dann zu vieren, zu sechsen, und am liebsten hätte ich Papier und Bleistift dabeigehabt, sie alle zu zählen. Das war kurz vor Sonnenaufgang, als es gerade hell wurde und man schon recht gut sehen konnte. Einige von ihnen waren spindeldürr und einige fast durchsichtig. Ich geb Ihnen mein Wort darauf, das waren keine richtigen Hasen, die ich da in jener Nacht zu Gesicht bekam.

Unter uns, Hasen sind die mächtigsten, jedenfalls die größten der Elfenleute. Letztes Jahr haben die Jungens hier einen gefangen, und ich hab ihn erstmal in den Topf gesteckt, damit das Fell besser abging. Noch bevor das Feuer richtig brannte, das Wasser im Kessel war noch eiskalt, hörte ich ein Geräusch unter dem Deckel – so ein grr-grr –, da bin ich um mein Leben gerannt und hab den Jungens gesagt, bloß die Hände davon zu lassen, aber die haben nicht auf mich gehört. Und als sie den Hasen abgezogen und gekocht hatten und ihn essen wollten, haben sie sich die Zähne an ihm aus-

gebissen. Und die Bouillon schmeckte wie Kartoffel-
wasser.

Da war was Ungutes an dem Viech, so wahr mir
Gott helfe!

Das Städtchen Lissavohalane ein paar Meilen von hier
ist besonders berüchtigt für solche Vorkommnisse. Dort
gilt es als ausgemacht, daß einmal in jedem Jahr, im
November, die Katzen des ganzen Landstrichs zusam-
menkommen und ihre Streitigkeiten untereinander
ausmachen. Da geht es dann jedesmal hoch her, ein
Gefauche und Gekreische, daß die Fetzen fliegen. Zwei
von meinen eigenen Katzen haben es letztes Jahr kaum
überlebt, und ich mußte sie mühsam wieder hochpäp-
peln, so zerschunden waren sie. Und die Nachbarn erzählen mir von ihren Katzen das gleiche.

In Lissavohalane lebt eine Frau mit ihrer Katze, die
füttert sie an ihrem Tisch, und die Leute, die manchmal
auf ihren Feldern arbeiten, und die anderen Haustiere
dürfen erst anfangen zu essen, wenn diese Katze rappel-
voll satt ist. Wenn sie nicht das erste Fleisch, das gekocht
wird, und die besten Bissen davon bekommt, stellen
sich ihr die Haare auf – schauen Sie mal, so! So hoch
wie das Schilf am Teich. Eines Tages kam der
Dorfpfarrer zu Besuch und mit ihm noch ein paar andere geistliche Herren, da mußte sie einmal eine Aus-
nahme machen. Als sie ihnen aber das Essen vor ihrer
Katze auftrug, was meinen Sie, was da passierte? Die
Nackenhaare stellten sich ihr auf wie bei einem Igel,
und sie zischte und fauchte und schrie wie ein Kind
und war gar nicht zu beruhigen. Und einer der Priester
sagte zu der Frau, daß es kein gottgefälliges Werk und
noch dazu blödsinnig sei, ihrer Katze ein solches Vor-
recht einzuräumen – denn sie wußten wohl, wie es um
diesen Haushalt stand. Als aber die Katze das hörte, lief
sie einfach aus dem Haus und ward nie mehr gesehn.

Ich sage Ihnen, Katzen darf man nicht über den Weg trauen. Die sind irgendwie nicht ganz richtig.

Steve Smith hat mir erzählt, daß er einen Kneipenwirt gekannt hätte, der hat mal eine erschossen, fragen Sie mich nicht weshalb. Und da ist sie zu einer merkwürdigen Masse geworden, und als er näher trat, hat die wie ein Mensch gesprochen, und da sah er, daß es wirklich ein Mensch war, und der sagte, bevor er starb, daß er über sieben Brücken gegangen sei, was immer das heißen mochte. Es gibt auch einige, ich möchte jetzt keine Namen nennen, die behaupten, daß Katzen nachts miteinander reden – auf Irisch.

John Morrow
DAS JAHR DES KANINCHENS

Das verdunkelte, geflügellose Weihnachten des Jahres 1940 ging, in Anlehnung an das chinesische Horoskop, als »Das Jahr des Kaninchens« in unsere Familienchronik ein.

Nicht, daß wir das Kaninchen verspeist hätten, wir waren auch nicht gänzlich geflügellos; mein Onkel hatte über einen Bekannten, der im Schwarzmarkthandel tätig war, ein Hühnchen aufgetrieben. Aber dieses Hühnchen oder vielmehr die Quelle, aus der es stammte, war nun einmal ungesetzlich, und so konnte der Onkel zu unserem Nachbarn, einem Sergeanten der mobilen B-Truppe (einer paramilitärischen irischen Polizeireserve, Anm. des Übers.), als der uns eins von drei dummen Karnickeln als Weihnachtsbraten anbot, die sich in das von ihm überwachte Revier verlaufen hatten, unmöglich sagen: »Nein danke, Sergeant, furcht-

bar nett von Ihnen, aber wir haben bereits ein Huhn.«
Denn der Sergeant, leider über mehrere Ecken mit uns
verwandt und selbst geflügellos, ließ kaum eine Gelegenheit aus, sich als Hüter des Gesetzes aufzuspielen.
Mit dieser Auskunft hätte er sich wohl kaum zu-
friedengegeben und wahrscheinlich ein paar lästige
Fragen gestellt. Mein Onkel pflegte gute Schwarz-
marktkontakte, und das wird auch der Grund dafür
gewesen sein, daß er den Sergeanten nicht sonderlich
mochte. Nun fühlte er sich durch das Kaninchen in die
Enge getrieben.

»Wir müssen es irgendwie loswerden«, sagte er und
warf die blutige kleine Leiche angewidert auf den
Küchenboden. Meine Schwester stieß einen Schrei des
Ekels aus. Unser Kater entfernte sich zum ersten Mal,
seit der Krieg erklärt worden war, vom wärmenden
Herd, tänzelte steifbeinig mit gesträubtem Nackenhaar
um den Kadaver herum und floh in den Abend hinaus.

»Warum können wir nicht zu dem Hühnchen auch
noch das Kaninchen verspachteln?« fragte ich.

»Ach, Bockmist«, schimpfte mein Onkel, »schau dir
das Vieh doch mal an! Alles nur Haut und Knochen,
mehr Schrot als Fleisch. Lohnt das Häuten nicht, und
auch nicht den Speck, es drin einzuwickeln. Genau die
Sorte Wild, die solche Knalltüten von der Gendarmerie
vor die Flinte bekommen.«

»Na dann eben in den Mülleimer damit«, schlug ich
vor.

»Nix da. Wenn's anfängt zu müffeln, wittern es die
Hunde.«

Er deutete auf die dünne Mauer zwischen uns und
den sabbernden Schäferhunden unseres lieben Nachbarn. »Und bevor du weiterredest: Ich werd' das Mist-
viech auch nicht begraben und noch 'n Haufen Steine
drauftun. Hab meine Zeit schließlich nicht gestohlen...
he! ich sag euch was!« rief er in plötzlicher Eingebung.
»Wir schmeißen es in den Fluß! Jetzt gleich!«

Und so kam es, daß mein Onkel und ich in einer ruhigen, frostigen und stockdunklen Weihnachtsnacht verstohlen die Ormeau Road hinaufschlichen und dabei an den schmetternden Trompeten einer Heilsarmeekapelle vorbei mußten, die sich, typisch, vor Delaney's Kneipe postiert hatte. Onkel hatte die Karnickelleiche in die, wie er's nannte, »Jägertasche« seines alten Regenmantels gestopft.

Wegen des Verdunkelungsgesetzes – wir befanden uns mitten im Krieg! – herrschte natürlich wenig Verkehr, und die Straßenbahn kam so spät auch nur im Viertelstundentakt. Als wir endlich die Brücke über den Fluß erreichten, konnte man kaum die Hand vor Augen sehen, und um uns her herrschte Grabesstille, richtig unheimlich. Ich hörte, wie mein Onkel leise vor sich hinfluchend das Kaninchen aus der Tasche zerrte – und dann lauschte ich angespannt dem fernen Aufplatschen des Leichnams auf der Wasseroberfläche. Mir schien es eine Ewigkeit zu dauern. Doch dann kam es. Ohrenbetäubend. So laut, als hätte er ein totes Nilpferd von der Brücke geworfen oder eine Tonne Sprengstoff explodieren lassen.

»Halt! Wer da? Freund oder Feind?«

Wir hatten die »Smoky Joes« vergessen, einen Trupp englischer Drückeberger, die hierher abkommandiert worden waren, um im Falle eines Luftangriffs Teerfässer anzuzünden und einen Rauchschirm um die Brücke aufzuspannen. Allerdings hatte es bisher in unserer Gegend noch keine Luftangriffe gegeben; es kamen auch später nie welche.

Mein Onkel, der früher zum »Königlichen Ulsterschützenregiment« gehört hatte und sich eine Menge darauf zugute hielt, haßte die »Dampfmacher« und nannte sie die »Stinkfußschwadron«, da er einmal einen von ihnen in Tennisschuhen hatte herumstolzieren sehen, weißen Tennisschuhen mit hineingeschnittenen Löchern, damit die Zehen besser atmen konnten. Das

»Freund oder Feind« galt zweifellos uns, und es klang
ziemlich jämmerlich und kieksig.

Mein Onkel schrie aus vollem Halse zurück
»FEIND, DU VOLLIDIOT!« und sagte dann pathetisch
zu mir: »So, Junge, jetzt renn um dein Leben.«

Mannomann, wir hatten ein Mordsglück, daß die
Smoky Joes keine regulären Soldaten waren und daher
keine Waffen trugen. Aber das wußte ich damals noch
nicht. Auch mein Onkel schien seine Zweifel zu haben,
denn er sauste wie ein Windhund den Weg zurück, den
wir gekommen waren, von der Brücke 'runter, um eine
Ecke und schließlich holterdiepolter mitten 'rein in die
Heilsarmeekapelle, gerade als sie die quäkenden ersten
Takte von »Stille Nacht, Heilige Nacht« vor dem nächsten Pub anstimmten.

Durch die Wucht des Aufpralls gingen einige Blechblasinstrumente und Heilsarmisten zu Boden, und ich, meinem Onkel dicht auf den Fersen, stolperte unversehens durch ein Trümmerfeld, wunderbarerweise ohne dabei Schaden an Leib und Seele zu nehmen. Als ich ihn schließlich nach einigen hundert Metern eingeholt hatte, unbehelligt und in Sicherheit (niemand dachte daran, uns zu verfolgen), fand ich ihn malerisch über ein Messinggeländer drapiert. Er hielt sich den Kopf, und seine Stimme klang wie ein kaputter Rasenmäher.

»Ich war schon fast aus dem Schlamassel 'raus«, stöhnte er, »da hat mir dieser Riesenkerl von einem Trommler so eins mit dem Paukenschlegel übergezogen, daß mir jetzt noch davon der Schädel brummt.«

Ich lehnte an seiner Seite und kam allmählich wieder zu Puste. Dann fiel mir was Schreckliches ein.

»Was machen wir«, keuchte ich, »wenn der Sergeant die Karnickelknochen für seine Hunde haben will?«

»Ach, soll er mal«, stöhnte mein Onkel gereizt, »dann muß eben die Katze dran glauben. Den Unterschied kriegt der gar nicht mit, blöd wie er ist.«

Achtes Kapitel

VON SÜNDERN UND GEIZHÄLSEN

Aufgezeichnet von Douglas Hyde

In der alten Zeit lebte ein Ehepaar in der Nähe von Cauher-na-Mart (Westport) in der Grafschaft Mayo. Sie hatten sieben Kinder, aber der Mann arbeitete fleißig und konnte sie alle ernähren, so daß es ihnen an nichts mangelte – außer an der Liebe und dem Segen Gottes.

Der Mann war fromm und großzügig und stets freundlich und freigebig zu den Armen, sein Weib aber eine hartherzige, geizige Person, die kein Mitleid kannte und niemals einem Menschen ein Almosen gab; ja, wenn sie einen Bettler abwies, beschimpfte sie ihn noch obendrein. Wenn jemand, der imstande war zu arbeiten, eine milde Gabe von ihr erbat, sagte sie etwa: »Wenn du nicht so ein fauler Herumtreiber wärst, würdest du jetzt nicht hier stehen und mir mit deiner Bettelei die Zeit stehlen«; kamen aber ein alter Mann oder eine alte Frau an ihre Tür, die nicht mehr arbeiten konnten, sagte sie: »Ich an deiner Stelle wäre lieber tot und begraben, als mich einer solchen Schande auszusetzen.«

In einer Weihnachtsnacht hatte es draußen geschneit, und der Boden war gefroren. Im Hause Patrick Kerwans – das war der Name des Mannes – brannte ein warmes Kaminfeuer, und der Tisch war reichlich gedeckt. Patrick, seine Frau und seine Kinder saßen um den Tisch herum und wollten eben mit dem Abendessen beginnen, als sie hörten, wie es an der Tür klopfte. Die Frau ging hin und öffnete. Draußen stand ein Mann, der arm und gebrechlich aussah, und sie fragte ihn, was sein Begehr sei.

»Ich bitte um eine milde Gabe, um der Ehre Christi willen, der in dieser Nacht geboren wurde und der für die Menschen den Tod am Kreuz erlitten hat.«

»Verschwinde, du versoffener Faulpelz«, sagte sie; »wenn du bei der Arbeit nur halb so fleißig wärst wie beim Gebeteaufsagen, müßtest du nicht um Almosen betteln und anständige Leute so spät noch in ihrer Ruhe stören.« Damit schlug sie ihm die Tür vor der Nase zu und nahm wieder am Tisch Platz, als sei nichts geschehen.

Patrick hatte ein paar Worte ihres Gesprächs mit angehört und fragte, wer denn da geklopft habe.

»Ach, irgendein fauler Nichtsnutz, der die Wohltätigkeit wildfremder Menschen ausnutzt«, erwiderte sie, »und wenn's kein arbeitsscheuer Vagabund wär', würd' er nicht zu nachtschlafender Zeit hausieren gehen. Unsereiner muß sich sein Brot hart verdienen, und so einer denkt, es sei damit getan, ein paar alte Gebete herunterzuleiern.«

Patrick stand auf. »Das war eine schlechte Tat«, sagte er, »jemandem einen Bissen Brot abzuschlagen, gerade an Weihnachten. Gott allein hat uns beschert, was unser ist, und hier auf dem Tisch liegt mehr, als wir heute nacht verzehren können. Wer weiß, ob wir den morgigen Tag erleben?«

»Setz dich nur wieder hin«, schnappte sie, »und mach keinen Narren aus dir; wir brauchen keine Gebete von so einem dahergelaufenen Taugenichts.«

»Gebe Gott dir ein gütigeres Herz«, rief Patrick, nahm mit beiden Händen Brot und Speisen vom Tisch und eilte hinaus, um dem armen Mann zu folgen. Er lief, so schnell er konnte, den Fußspuren im Schnee nach, bis er ihn endlich eingeholt hatte. Dann bot er ihm zu essen an und entschuldigte sich für die Unfreundlichkeit seiner Frau. »Sie meint es nicht so«, sagte er, »sicher habe ich sie durch irgendeine Unachtsamkeit erzürnt. Sie war schon den ganzen Tag so zänkisch und mißgelaunt.«

»Du bist gerecht«, sagte der arme Mann mit ernstem Lächeln. »Hier, nimm nur deine Almosen zurück, und meinen Dank dazu. Denn wisse, ich bin ein Engel, der in Gestalt eines armen Mannes vom Himmel zu

deinem Weib herabgesandt wurde, sie um der Ehre
Christi willen, der für die Menschen den Tod am Kreuz
erlitten hat, um eine milde Gabe zu bitten. Sie hat die
Probe nicht bestanden und mich abgewiesen. Und
nicht genug damit, sie hat mich beschimpft und ver-
spottet. Du wirst dereinst für deinen guten Willen und
deine Wohltätigkeit belohnt werden, was aber dein
Weib betrifft, so dauert es nur noch eine kurze Weile,
und sie muß für ihre Taten auf Erden Zeugnis ablegen
im Angesicht des HERRN.«

Mit diesen Worten verschwand der Engel, und Patrick kehrte in sein Haus zurück. Er ließ sich am Tisch
nieder, brachte aber keinen Bissen und keinen Schluck
hinunter.

»Was ist denn in dich gefahren?« fragte seine Frau,
»hat dieser Landstreicher dir was angetan?«

»Ach weh«, antwortete er, »das war kein Landstreicher, sondern ein vom Himmel gesandter Engel,
der in Gestalt eines armen Mannes Almosen von dir
erbat, um der Ehre Christi willen. Und du hast ihn
nicht nur fortgeschickt, du mußtest ihn auch noch
beschimpfen, wie du es mit allen Bettlern tust. Es ist
nun einmal geschehen, du selbst hast dich in diese Lage
gebracht, deine Stunden sind gezählt, und ich be-
schwöre dich, nütze die Frist, die dir noch bleibt.«

»Was faselst du da?« giftete sie. »Hast du etwa ein
Gespenst gesehen oder völlig den Verstand verloren?
Gott möge dich und jedermann strafen, der ein gutes
Feuer und einen gedeckten Tisch verläßt, um einem
streunenden Hund hinterherzulaufen; fahr doch zur
Hölle mit deinen Weisheiten!«

»Sei vernünftig und höre auf meinen Rat, oder du
wirst es bereuen, wenn es zu spät ist«, sagte Patrick; aber
es hatte keinen Sinn, weiter mit ihr darüber zu reden.

Als der Dreikönigstag anbrach, war die Frau außerstande, das Essen zuzubereiten, denn sie war mittlerweile blind und taub geworden. Und bald darauf konn-

te sie ihr Bett nicht mehr verlassen, sondern schrie nur noch und wand sich in gräßlichen Schmerzen. »Gib ihnen Almosen, Almosen, Almosen! Gib alles her, verschenke all unser Hab und Gut, unseren ganzen Hausrat, o Gott, ich halte es nicht aus, es frißt mich auf, ach, um der Barmherzigkeit Christi willen!«

So schwebte sie eine Zeitlang zwischen Leben und Tod, und es schien so, als sei sie ganz von Sinnen. Oft sah der Pfarrer nach ihr, aber auch er konnte nichts für sie tun. Am siebenten Tage kam er, um ihr die Letzte Ölung zu geben.

Die Kerzen wurden angezündet, doch siehe — sie verloschen sogleich wieder. Man versuchte, sie zum Brennen zu bringen, aber sämtliche Kohlen in der Grafschaft Mayo hätten dazu nicht ausgereicht.

Der Pfarrer wollte nun auf Kerzen verzichten und ihr so die Letzte Ölung geben, doch da füllte sich der Raum mit beizendem Qualm, so daß er fast daran erstickte. Patrick kam an die Tür des Zimmers, fand sich aber durch den Rauch gehindert, weiter vorzudringen. Drinnen hörte er seine Frau schreien: »Wasser! Gebt mir zu trinken! O Gott, ich verdurste, ich verbrenne!«

In diesem Zustand blieb sie zwei Tage lang und konnte doch nicht sterben. Von Zeit zu Zeit hörte man sie um einen Tropfen Wasser flehen, aber es war unmöglich, in ihre Nähe zu gelangen.

Man schickte um Bischof O'Duffy, und er kam schließlich in Begleitung zweier alter Bettelmönche. In seiner rechten Hand hielt er ein Kreuz. Als sie sich Patricks Haus näherten, griff aus heiterem Himmel ein riesiger Schwarm Vögel* an, und es fehlte nicht viel, und sie hätten allen dreien die Augen ausgekratzt.

Schließlich erreichten sie mit Müh und Not die Haustür, und es gelang ihnen auch, die Kerzen an-

---

* »kites« = Gabelweihe; Milan. Die Vögel, von denen der Bischof und die Mönche attackiert werden, symbolisieren Geiz und Hartherzigkeit.

zustecken. Der Bischof schlug die Bibel auf und sagte zu den Mönchen: »Wenn ich anfange, die Gebete zu lesen, singt ihr die Responsorien.« Dann begann er: »Verlasse, o christliche Seele —«

»Sie ist keine christliche Seele«, ließ sich eine Stimme vernehmen, aber sie sahen niemanden.

Und wieder betete der Bischof: »Verlasse, o christliche Seele, diese Welt im Namen des allmächtigen Vaters, der dich erschaffen hat...« Bevor er noch etwas sagen konnte, brach ein furchtbares Gewitter los. Die Donnerschläge waren ohrenbetäubend, und das ganze Haus füllte sich mit Rauch. Dann schlug der Blitz ins Dach ein und riß es herunter. Und der Regen fiel so heftig, daß alle glaubten, das Ende der Welt sei gekommen.

Doch der Bischof und die beiden Mönche stimmten wieder ihre Gebete an. »O Herr, der du voller Gnade bist, blicke gnädig auf sie herab«, sagte der Bischof, und »Amen« erwiderten die Mönche.

Nun trat etwas Ruhe ein, und der Bischof beugte sich über das Bett. Der arme Patrick trat an die andere Seite des Lagers, da öffnete die Frau auf einmal den Mund, und heraus krabbelten unzählige schwarze Käfer.★

Patrick stieß einen Schrei des Ekels aus und rannte zum Kamin, um Feuer zu holen und die gräßlichen Tiere zu verbrennen. Doch als er zurückkam, hatte die Frau ihren letzten Atemzug getan, und die Käfer waren verschwunden.

Der Bischof sprach noch einige Gebete und ging mit den Mönchen fort. Patrick machte sich auf die Suche

---

★ »dardeels«. Douglas Hyde schreibt hierzu eine Anmerkung: »Die ›Dardeels‹ oder ›Dharadeels‹, die aus dem Mund der sterbenden Frau krabbelten, sind die ekelhaftesten Insekten, die der irische Bauer kennt. Es handelt sich um schwarze Käfer mit aufgerichteten Stachelschwänzen« – also möglicherweise Skorpione.

nach Frauen, die den Leichnam waschen sollten, als er
jedoch in sein Haus zurückkehrte, fand sich keine Spur
mehr von seinem toten Weib. Er suchte in allen Zim-
mern nach ihr, aber vergeblich. Sie hatte um den Hals
einen Beutel mit Goldstücken getragen, und weder der
Leichnam noch das Gold tauchten jemals wieder auf.

Unter den Nachbarn gab es natürlich viel Gerede
über den Verbleib von Patrick Kerwans Frau. Ein jeder
hatte eine andere Erklärung; einige behaupteten, der
Teufel habe sie geholt; andere, die Elfen hätten die
Leiche gestohlen. Auf alle Fälle hat man nie wieder
etwas von ihr gehört oder gesehen.

Am Ende des Monats erkrankten Patricks Kinder an
den Pocken, und keines überlebte. Er blieb ganz allein
zurück, ohne Frau und Familie, und sein Kummer war
groß. Doch er tröstete sich mit dem Gedanken: »Es ist
der Wille Gottes, und ich muß es tragen.«

Bald danach verkaufte er all sein Hab und Gut und
ging in ein Kloster. Dort verbrachte er den Rest seines
Lebens fromm und gottesfürchtig und starb einen
friedvollen Tod. Möge Gott uns einen ebenso gnädigen
Tod bescheren und ewiges Leben, Amen.

John Boyle O'Reilly
DIE FISCHER VON WEXFORD

In Wexford herrscht von alters her ein ernster, heil'ger Brauch,
Der will, daß am St. Martinstag kein Netz ins Wasser tauch'.
Kein Fischer sticht an jenem Tag von Wexford aus in See,
Kein Segel sieht man auf dem Meer rings um die Wexford Bay.
Wer einstmals dies Gebot erließ, warum er's tat und wann,
Weiß heut' im Orte keiner mehr, doch jeder hält sich dran.

Und nie geschah's, wen man auch fragt, daß je in dieser Stadt
Ein Fischer am St. Martinstag sein Haus verlassen hat.

Bis einmal, just zu jener Zeit, mit Silberglanz – ach weh!
Ein wundersamer Heringsschwarm umgleißte Wexford Bay.
Und Männer, Frauen, Kinder, alles lief hinaus zum Strand,
Sah Schätze draußen in der See, als ob sie Gott gesandt.
Solch guter Fang ward nie erblickt, würd' nie mehr ihrer harren!
Doch horch! Was ist's für ein Geräusch? Ein Knirschen und ein
                                                    Scharren!
Die Boote! Alle Männer fort! Die Frauen bangen, klagen:
Am heiligen St. Martinstag! Sie werden's doch nicht wagen?

Oh bleibt! so rief da manches Weib, manch Greis mit weißen
                                                    Haaren,
Ihr alle sündigt wider Gott, heute hinauszufahren!
Die Fischer waren guten Muts und johlten froh zurück:
Gott hat uns Reichtum heut beschert, Gott will nur unser
                                                    Glück!
Und bringen wir die Netze ein, so sind sie voll von Fischen,
Vielleicht auch ein paar Heiligen, wenn wir sie nur erwischen!
Die Boote schlingern in der Gischt, jedes von Männern schwer,
In jedes Segel greift der Wind, es wogt und lockt das Meer.

Heilige Jungfrau, schütze sie! hört man's vom Festland gellen,
Die alten Männer starren stumm und traurig auf die Wellen,
Da schon die Fischer, Boot an Boot, jenseits des Leuchtturms
                                                    schaukeln,
Wo sie des Meeres Phosphorschein und Fischsilber umgaukeln.
Ja, betet nur, und betet laut! Sie werden's sicher brauchen,
Die Ruder am St. Martinstag ins grüne Naß zu tauchen!
Ihr Mütter, Frauen, Kinder, baut auf des Allmächt'gen Güte,
Daß er zu solcher bösen Stund die Gottlosen behüte!

Die See scheint ruhig, fast spiegelglatt, hinab die Netze rauschen,
Am Firmament ziehn Wolken auf, am Ufer banges Lauschen.
Der Himmel klagt, gleich einer Maid, vom Liebsten abgewiesen,
Und hüllt sich in ein dunkles Kleid, will sich der Welt
                                                    verschließen.
Und ach, die Netze waren kaum gesunken ins Gefunkel,

Als, wie in einem bösen Traum, tief aus des Meeres Dunkel
Eine Gestalt nach oben stieg, ein Geist, der drunten hauste,
Ein leuchtend schemenhaftes Ding – und wer es sah, dem grauste.

Der Tag verlosch am Horizont, schnell brach die Nacht herein,
Wie Nebel kam es aus dem Meer im fahlen Mondenschein,
Glich einem Menschenwesen fast, wuchs riesenhaft empor,
Ein schreckensvolles Antlitz, das sich halb im Dunst verlor.
Ein Blick, der Blut zu Eis gefriert! Und seht, wie's mit der Hand
Gen Osten deutet, weist und winkt, zum sich'ren fernen Land!
Schon löst sich's auf und wallt herab, versinkt im Wellengrün,
Der böse Blick, die Geisterhand drohend nach unten zieh'n.

Kein Fischer wird vergessen je der Augen wilde Glut,
Sie leuchten noch tief in der See und schimmern durch die Flut!
Doch vor das düstre Schreckensbild drängt silbern sich von
                                                    Fischen
Ein ganzes Heer im Wogentanz, ein Brodeln, Brausen, Zischen!
Dies Schauspiel macht die Fischer blind, gebannt sind aller
                                                    Blicke;
Man schlägt die Warnung in den Wind vor düsterem Geschicke.
Gefrorne Herzen werden warm, das Silber lockt so sehr -
Es wendet sich der Heringsschwarm zur Flucht aufs offene Meer!
Und trotz des furchtbaren Gesichts, trotz ehernem Gesetze
Tauchen die Ruder in die Gischt, wirft man erneut die Netze!

Zwei Boote nur bleiben zurück – 's sind gottesfürcht'ge Leute –
Die andern jagen nach dem Glück, der scheinbar sich'ren Beute –
Erreichen Land mit Müh und Not, betreten festen Grund;
Den Rest der Fischer reißt der Tod in seinen schwarzen Schlund.
Der Sturm wütet die ganze Nacht, ein paar nur sind gerettet,
Frauen und Kinder halten Wacht, bis daß das Meer sich glättet.
Am andern Morgen, welch ein Weh! Ein Jammer ohnegleichen,
An Wexfords Strände spült die See wohl an die siebzig Leichen.

Die arme Witwe und die Fee Grania Oï

Aufgezeichnet von Douglas Hyde

Vor langer, langer Zeit lebte in der Grafschaft Clare eine arme Witwe. Sie hatte sieben Kinder, und das älteste war gerade erst zehn Jahre alt.

In einer Nacht vor Weihnachten litten sie bittere Not, und die Witwe besaß nicht einmal ein Stückchen Brot, ihren Hunger zu stillen. In ihrer Verzweiflung betete sie zu Gott, er möge ihr Elend beenden und sie zu sich nehmen. Das Gebet war noch nicht lange gesprochen, da ging mit einem Mal die Tür auf, und herein trat die Fee Grania Oï, begleitet von zwei Frauen. Sie trugen lange Gewänder, so weiß wie Bergschnee, und brachten eine große silberne Schale voll der feinsten Speisen mit. Die Witwe hieß die edlen Damen willkommen und sagte: »Ach, vielleicht erlaubt ihr uns, von euren schönen Speisen zu kosten, denn ich und meine armen Kinder sterben schier vor Hunger.«

»Gott hat dein Gebet erhört«, sagte die Fee, »und uns gesandt, eure Not zu lindern, denn morgen ist Weihnachten, der Tag, an dem sein Sohn geboren wurde. Zuvor muß ich dir jedoch eine Frage stellen: Bist du wirklich willens und bereit, dich von deinen Kindern zu trennen?«

»Gewiß nicht«, gab die Witwe erschrocken zurück, »wie kommt Ihr nur darauf?«

»Hast du nicht vor kurzem noch zu Gott gebetet, er möge sie zu sich nehmen?«

»Ach, ich weiß es nicht mehr«, erwiderte sie, »ich muß wohl halb von Sinnen gewesen sein, als ich sie solchen Hunger leiden sah. Doch wenn der Allmächtige im Himmel einen Platz für mich und die Meinen hat, so bin ich's zufrieden und will mich mit meinen Kindern gern dorthin begeben.«

Die Grania Oï stellte die silberne Schale auf den Tisch und sagte: »Eßt davon, du und deine Familie, und wenn ihr euer Mahl beendet habt, werde ich wiederkommen.« Darauf verschwanden die Feen, und die Witwe und ihre Kinder begannen sogleich von den Speisen zu essen. Doch als alle gesättigt waren, war die Schale noch genauso reich gefüllt wie zuvor.

Sie aßen auch in den nächsten Tagen davon, aber es wurde und wurde nicht weniger – bis zum Abend vor Karfreitag. Da war die Schale plötzlich leer, kein Bissen blieb übrig, und der Hunger kehrte zurück. Sie hofften, daß nun die Fee mit ihren Gefährtinnen wieder erscheinen würde, doch als das Dunkel der Nacht hereinbrach, trat ein großer, spindeldürrer Mann durch die Tür, der wie ein englischer Gentleman gekleidet war. Die Witwe bot ihm einen Stuhl an und bat ihn, Platz zu nehmen und sich ein wenig auszuruhen, er komme sicher von weit her.

»Ich habe keine Zeit zum Ausruhen«, erwiderte er, »denn ich bin in Geschäften unterwegs. Außerdem gibt es in diesem Haushalt nichts zu essen, wie ich sehe.«

»Das ist wohl wahr, Herr«, sagte sie, »aber wir warten auf die Fee Grania Oï, die stündlich hier eintreffen muß und uns sicher eine silberne Schale voll der köstlichsten Speisen mitbringt.«

»Soso, das glaubst du also. Du bist wie viele andere auf ihre Versprechungen hereingefallen. Man vertraue nie einer schönen Frau, es ist alles nur Lug und Trug. Die Dame, die dir letzthin eine solche Schale gab, ist die Elfenkönigin, und sie versucht, dir deine Kinder zu rauben; darum sei auf der Hut vor ihr.«

Die Witwe bekam nun große Angst und sagte: »Und ich hielt sie für einen Engel, den Gott uns vom Himmel herabgeschickt hat!«

»Ja, freilich«, entgegnete der dürre Mann, »sie weiß sich listig zu verstellen. Hör auf mich, denn ich kenne sie genau: Sie ist eine böse Fee und Zauberin, und ihre köstlichen Speisen sind nichts als Blendwerk. Wehe dem, der davon kostet! Wenn ihr eine weitere Schale oder andere Geschenke von ihr empfangt, so wird sie euch nach Knock Ma entführen, zu den kleinen Leuten, und euch nie wieder fortlassen. Du hast doch von diesem Ort gehört?«

»Der Himmel steh' uns bei«, antwortete sie schaudernd, »doch nun wollen wir nichts mehr mit ihr und ihresgleichen zu schaffen haben. Ich und meine Kinder wollen lieber verhungern und verschmachten, als je wieder einen Bissen von ihr anzunehmen.«

»Ja, wenn das so einfach wäre!« versetzte der Dürre. »Wißt ihr denn nicht, daß sie euch längst in ihrer Gewalt hat? Ihr habt euch in den letzten vier Monaten nur von Elfenkost ernährt und seid verloren wie Fliegen im Netz der Spinne. Hm... Vielleicht gibt es aber doch noch einen Ausweg.«

»Ich bitte Euch, edler, gnädiger Herr, steht uns bei!« flehte die Witwe. »Wir befolgen gerne Euren Rat, denn Ihr seid unser Freund und Wohltäter. Ihr habt uns zur Besinnung gebracht, nun helft uns in dieser schweren Stunde der Erkenntnis!«

Nun war der spindeldürre Mann, der da zu der Witwe sprach, der Teufel höchstpersönlich, der sie in Versuchung führen wollte. »Wohlan denn«, fuhr er fort, »ich denke, ihr habt geweihtes Wasser im Hause.«

»Gewiß«, erwiderte sie.

»Dann sage ich euch, daß dieses Wasser von den Elfen verwünscht und entweiht wurde und kein Heil mehr in sich trägt. Nimm es und schütte es ins Feuer.« Die Witwe tat, wie ihr geheißen. Doch kaum hatte sie es in den Kamin gegossen, als die Flammen sich blau färbten und das ganze Haus von bläulichem Qualm erfüllt ward. Als der Rauch sich verzogen hatte, frohlockte der Dürre: »Ihr seht es selbst, ein Teil der Elfenkraft ist bereits gebannt. Doch ihr besitzt auch noch ein Kruzifix; wenn ihr das ins Feuer werft, ist die Macht der Elfen über euch gebrochen. Sobald euch das gelungen ist und ihr frei seid, werde ich für dich und deine Familie sorgen, so daß es euch an nichts mangelt, ja mehr noch, ihr sollt reich wie die Könige werden, wenn du nur alles tust, was ich von dir verlange.«

»Das Kreuz verbrennen? Oh, das ist mir aber gar nicht recht; es stammt von meiner Mutter, die es mir vor vielen Jahren auf ihrem Totenbett gab für mich und meine Kinder und Kindeskinder«, seufzte die Witwe.

Da zog er einen Beutel voll mit Gold und Silber hervor und sagte: »Sieh her: Dieser Beutel soll dir gehören, wenn du meinen Wunsch erfüllst, und nicht nur das – ich verspreche dir und deinen Nachkommen ein langes und glückliches Leben.«

Die arme Witwe wurde von großem Verlangen nach Reichtum ergriffen, und sie antwortete: »Edler Herr, ich bitte Euch untertänigst um Vergebung. Euer Wunsch ist mir Befehl. Ich gebe mich und meine Kinder ganz in Eure Hand.«

Da überreichte er ihr den Beutel und sagte: »Schön, wirf also endlich das Kruzifix ins Feuer.« Sie gehorchte, doch es verbrannte nicht, sondern ein Strom von Blut floß daraus hervor. »Holla!« rief er aus, »da siehst du es ja, das Elfenblut. Hier, unterschreib auf diesem Pergament. Ich brauche deine Unterschrift für meinen Meister, daß ich dir den Beutel mit Gold und Silber gegeben habe, daß du dich vom Elfenvolk lossagst und dich ganz in meine Macht begibst.«

Die arme Frau griff nach dem Gänsekiel und setzte ein Kreuz auf das Papier, da sie weder lesen noch schreiben konnte. Sie wußte auch nicht, was auf dem Pergament stand. Der Dürre riß es ihr sogleich aus der Hand und hielt es ans Feuer, bis die Tinte getrocknet war.

Dann verließ er sie, und sie blieben allein zurück und starrten auf das blutende Kruzifix. Sobald er fort war, nahm die Witwe es aus dem Feuer, und das Blut hörte sogleich auf zu rinnen. Auch war kein Brandfleck daran zu sehen. Sie war höchst verwundert und wußte nicht ein noch aus.

Als sie über die merkwürdigen Geschehnisse nach-grübelte, die ihr begegnet waren, hörte sie eine Stimme, die nach ihr rief. Sie ging zur Tür und gewahrte die Fee Grania Oï und die beiden Mädchen, die eine große Schale mit köstlichen Speisen ins Haus trugen.

»Wir wollen eure Elfenspeisen nicht«, rief die Witwe aus, »wir haben jetzt genug Gold und Silber, uns zu es-sen zu kaufen. Geht wieder nach Knock Ma zurück und wagt euch nie wieder in unsere Nähe!«

Die Grania Oï glaubte, die Witwe habe den Verstand verloren, und sagte: »Um Himmels willen, nimm doch Vernunft an! Komm her und hör mir gut zu, ich be-fehle es dir in Christi Namen!«

Jene fürchtete sich und wollte nicht näher heran-kommen, doch eine unheimliche Macht zog sie an, bis sie, zitternd wie Espenlaub, vor der Fee stand.

»Sag, was ist geschehen seit meinem letzten Besuch, und woher hast du all das Gold und Silber?«

»Ein edler und großmütiger Herr kam heute abend zu mir, und er meinte, du seist eine böse Fee und habest mir und meinen Kindern Zauberspeisen gegeben, um uns in deine Gewalt zu bringen. Er befahl mir, das Weihwasser ins Feuer zu schütten, und als ich das tat, stieg eine blaue Flamme daraus hervor, und das Haus war voller Rauch von der gleichen Farbe. Als sich der Rauch verzogen hatte, sagte er: ›Du siehst, ein Teil der Elfenkraft ist endgültig gebannt. Doch gibt es in diesem Hause noch ein Kruzifix; wenn du das ins Feuer wirfst, werden sie dir und deinen Kindern nichts mehr anhaben können. Dann seid ihr frei vonihnen, und du und deine Familie werdet in Wohlstand leben, ja mehr noch, ihr sollt große Reichtümer und Schätze erlangen.‹ Ich antwortete ihm, daß ich das Kreuz lieber nicht verbrennen wolle, weil es mir meine Mutter einst gegeben habe, doch er sagte: ›Schau, dieser Beutel voll mit Gold und Silber soll dir gehören, und darüber hinaus verspreche ich dir und den Deinen ein langes und glückliches Leben.‹ Da packte mich die Gier nach seinen Reichtümern, und ich bat ihn um Verzeihung, versprach, ihm in allem zu gehorchen und vertraute ihm mich und meine Kinder an. Darauf übergab er mir den Beutel und befahl: ›Wirf das Kruzifix ins Feuer.‹ Ich tat es widerstrebend, doch anstatt zu verbrennen, floß ein Strom von Blut daraus hervor. Er lachte und sagte, es sei nur Elfenblut. Dann reichte er mir ein Pergament, ich solle meinen Namen darunter setzen, um zu bestätigen, daß er mir den Beutel mit Gold und Silber ausgehändigt habe und ich nunmehr von der Macht der Elfen befreit wäre.

Ich kann weder lesen noch schreiben, aber ich kritzelte mit dem Gänsekiel ein Kreuzchen darauf. Als er uns verließ, nahm ich das Kreuz aus dem Feuer, da hörte es auf zu bluten und war auch nicht von der Glut versengt.«

»Dieses Kreuz Christi soll für immer zwischen uns stehen, verfluchtes Weib«, rief die Fee aus. »Du hast aus Habgier deine Seele und die deiner Kinder dem Teufel verkauft und das Blut des Heilands am Tage vor seiner

Kreuzigung vergossen. Nun bist du auf ewig verloren. Eile zu deinem Pfarrer, so rasch du kannst, berichte ihm alles und sage ihm, die Grania Oï habe dich zu ihm geschickt. Vielleicht gibt es eine letzte Hoffnung, wenn auch nicht für dich, so doch für deine unschuldigen Kinder!«

Die Witwe ging ins Haus und holte den Beutel mit Gold und Silber hervor. »Was soll ich damit tun?« fragte sie.

»Wirf ihn ins Feuer und sprich dazu: ›Ich entsage dem Satan und all seinen Werken.‹«

Doch als sie den Beutel ins Feuer geworfen hatte, erschien der Teufel vor ihr und feixte: »Du kannst mir nicht mehr entsagen, sondern bist mein, magst du auch den Pfaffen, den Bischof oder selbst den Papst um Beistand bitten; denn du hast den Vertrag mit eigener Hand unterschrieben.«

»Weiche von mir, im Namen Jesu«, rief die Witwe in höchster Angst, und der Teufel mußte sich fügen, als er diesen Namen hörte.

Die Witwe begab sich nun zum Pfarrer und beichtete ihm, was sich zugetragen. »Ich fürchte«, sagte er, »du bist rettungslos verloren; doch werde ich in jedem Fall den Bischof über den Fall in Kenntnis setzen. Gehe nun heim und beginne Buße für deine Sünde zu tun. Sobald ich Antwort vom Bischof erhalten habe, werde ich nach dir rufen lassen.«

Als sie nach Hause kam, aßen ihre Kinder von der großen silbernen Schale, die ihnen die Grania Oï zurückgelassen hatte; das älteste von ihnen aber sagte zu ihr, die Fee habe befohlen, daß sie die Schüssel nicht berühren dürfe. Wenn sie hungrig sei, würden sie ihr etwas von den Speisen abgeben.

Am Ende der Woche rief der Pfarrer die Witwe zu sich und sagte, der Bischof habe ihm geschrieben, er sehe sich außerstande, etwas in diesem Fall zu unternehmen, ohne zuvor den Papst um Rat gefragt zu haben; sie solle jedoch einstweilen Tag und Nacht Buße tun.

Der Monat ging schon seinem Ende zu, als sie der Pfarrer abermals zu sich kommen ließ. »Ich habe ein Schreiben vom Papst erhalten«, sagte er, »und darin steht, daß es nur einen einzigen Weg gibt, dich zu retten. Lege deine Schuhe ab und begib dich auf eine Pilgerreise zum Lough Derg. Du darfst nur alle vierundzwanzig Stunden eine Mahlzeit zu dir nehmen und in der zweiten Nacht unter keinem Dach schlafen. Eine Woche lang sollst du dich siebenmal am Tage und siebenmal in der Nacht bekreuzigen und das Vaterunser beten. Nimm keine Wegzehrung mit und weder Gold noch Silber, sondern bettle im Namen Gottes um Almosen, und wenn du zurückkehrst, werde ich dir mitteilen, was dir sonst noch als Buße auferlegt wurde. Hier ist ein Stückchen vom wahren Kreuz, das bewahre gut auf, es wird den Satan von dir fernhalten. Und nun geh, und Gott möge dich beschützen.«

Als die Witwe zu ihrem Haus kam, erwartete sie schon die Fee Grania Oï und fragte sie, was der Pfarrer ihr geraten habe. Sie erzählte ihr alles, was er ihr aufgetragen hatte. »Dann zögere nicht länger«, sagte die Grania Oï streng, »ich werde bis zu deiner Rückkehr für deine Kinder sorgen.«

Und so machte sich die Witwe auf den Weg. Sie ertrug Durst und Hunger, Kälte und bittere Mühen. Aber sie führte alles genau so aus, wie der Papst es angeordnet hatte. Als sie nach drei Monaten heimkehrte, erkannten sie sogar ihre eigenen Kinder kaum wieder, so dürr und kraftlos war sie geworden.

Es dauerte nicht lang, bis der Pfarrer zu ihr kam und sagte: »Frau, du mußt nun eine Pilgerfahrt zum Croagh Patrick unternehmen und auf deinen Knien vom Fuße bis zum Gipfel des Berges hinaufrutschen. Dort oben wirst du gewiß einem Boten Gottes begegnen, der dir verzeihen oder dich der ewigen Verdammnis überliefer wird. Mach dich gleich auf den Weg und beeile dich, denn es könnte bereits zu spät sein.«

Die Witwe gehorchte, obwohl ihre Füße übel zerschnitten waren und bluteten. Am Fuße des Croagh Patrick ließ sie sich auf die Knie nieder und kroch so zwei Tage und zwei Nächte den Berg hinauf, bis sie den Gipfel erreicht hatte. Dort versagten ihr die Kräfte, und sie fiel in einen tiefen Schlaf.

Als sie erwachte, fand sie die Grania Oï an ihrer Seite, die ihr ein Pergament entgegenhielt und sagte: »Sieh her! Ist dies das Papier, auf dem du durch deine Unterschrift dich und deine Kinder dem Teufel verschrieben hast?«

»O ja, das ist es«, erwiderte die arme Witwe. »Ehre und Lob sei Gott, der mich vom Bösen erlöst und gerettet hat!«

Sie kehrte heim, und der Pfarrer las eine Messe in ihrem Hause. Dann legte sie die letzte Beichte ab, und sie und ihre sieben Kinder empfingen den Leib Christi aus der Hand des Priesters. Kaum war eine halbe Stunde vergangen, als die Witwe und ihre Familie diese Welt verlassen hatten. Gott nahm sie gewiß gnädig in sein Reich auf, in das auch wir dereinst zu gelangen hoffen!

DIE BALLADE VON PAT O'DONNELL

Ich heiße Pat O'Donnell, und man nennt mich Missetäter,
Denn ich erschoß James Carey, diesen lausigen Verräter.
In Donegal kam ich zur Welt, am Galgen soll ich enden,
Und weil der Galgen englisch ist, hat's damit sein Bewenden.

Im Sommer letzten Jahres war's, an Bord von der Montrose
Da sah ich diesen Denunzianten und ging auf ihn los.
Nach Capetown wollte er entfliehn, der gottverfluchte Judas,
Doch dieser Hund war vogelfrei, sogar auf den Bermudas.

Er roch sogleich an meiner Faust, doch ach, zu meiner Schande
Verlief durch seinen Widerstand mein Angriff rasch im Sande.
Er trat, er schlug, er würgte mich; ich tat, als ob ich tot wär',
Und als er endlich fertig war, erschoß ich ihn aus Notwehr.

Der erste Schuß traf nicht so gut, er rudert' mit den Armen,
Der zweite tat, schien's, ziemlich weh, da packte mich Erbarmen;
Das war ja kaum mitanzusehn, allein das Armgewedel,
Ich drehte ihn zu mir herum und schoß ihn durch den Schädel.

Er fiel nun um wie 'n nasser Sack, ward grün wie Petersilie,
Da lief hinzu das andere Pack, die übrige Familie.
Das ganze Deck war voller Blut und nicht besonders reinlich,
James Careys Frau fand's nicht so gut, und ich fand's ziemlich
          peinlich.

Sie fragte: »Warum haben Sie denn meinen Mann erschossen?«
»Aus Notwehr«, gab ich forsch zurück, »und ich hab's sehr
          genossen.«
Der Kapitän war außer sich. Man schloß mich gleich in Eisen.
Er schimpfte: »Sowas liebe ich. Capetown-Vergnügungsreisen.«

Bei dem Prozeß in London galt ich gleich als armer Sünder,
Belastungszeugen gegen mich warn Careys Frau und Kinder.
Sie gönnten mir vorm Urteilsspruch noch rasch ein Imbiß–
          Häppchen,
Der Richter trug, ich lachte sehr, ein kleines schwarzes
          Käppchen.

Am Weihnachtstage soll es sein, da komm' ich in die Schlinge.
Hier im Gefängnis gibt es Wein, und ich bin guter Dinge.
Am Weingenusse liegt es wohl, ich fühl' mich heut' so lyrisch –
Es geht mir an den Kragen bald, doch ist mein Kragen irisch.

Der letzte Kragen ist aus Hanf. Wird sicher auch recht enge;
Wer weint mir eine Träne nach, wenn ich am Galgen hänge?
Die Engländer behandeln uns seit eh und jeh wie Tiere
Und ich verbleibe gutgelaunt, tschüß, byebye, als der Ire.*

Neuntes Kapitel

FRIEDE AUF ERDEN?

James Simmons
WEIHNACHTSGRÜSSE

Das Weihnachtsfest rückt näher, so viel heller wird es nicht,
Im Stadtpark herrscht am Abend coca-cola-farbnes Licht.
Die Bäume, ein zerlumptes Heer, marschiern' über die Wiese
Meine Gedanken, bitter sehr, sind aufgeschrieben diese:

Das Weihnachtsfest rückt näher mit den biblischen Legenden,
Die sind schon x-mal durchgekaut, woll'n trotzdem niemals enden.
In allen Kirchen hört man jetzt die rührendsten Geschichten
Von Hölle, Tod und Jammertal – und Jesus wird's schon richten.

Sind wir nicht Ketzer allesamt? Wir brauchen keinen Fetisch,
Sondern 'ne neue Religion und Whiskey auf dem Teetisch.
Ich kündige den blöden Job und alles ist in Butter,
Steh' morgens auf, geh' aus dem Haus (nur wegen meiner Mutter).

Ich atme tief, und jeder Hauch ist wie ein Eis im Glas,
Weihnachten färbt den Himmel schwarz, schwarz wie ein
                                                    Rabenaas.
Wär' ich nicht so verdammt gescheit, ich machte mir nix draus –
So'n Weihnachtsmann mit Wattebart sieht doch zu dämlich aus!

Hugo Hamilton
NAZIWEIHNACHTEN

Es fing damit an, daß der Mann in dem Fischgeschäft
»Achtung!« brüllte und alle Kunden sich zu uns um-
drehten und uns anstarrten. Sogar die Leute draußen
auf der Straße unter der Reihe nackter Truthähne und
herabhängender Fasane wurden aufmerksam und starr-

ten durch das Schaufenster herein. Wir waren wieder mal enttarnt. Deutsche. Kriegsverbrecher, die in Irland Unterschlupf gefunden hatten. Es gab noch eine kleine Chance, daß sie rasch darüber hinwegsehen und wieder zur Tagesordnung übergehen würden, aber nein, der Fischhändler mußte unbedingt noch ein paar weitere Brocken Deutsch loswerden, das ganze Kauderwelsch, das er aus Filmen wie ›Von Ryan's Express‹ und ›The Great Escape‹ aufgeschnappt hatte.

»Guhten Morrgen«, sagte er und lehnte sich über den Ladentisch, um gleich darauf mit jenem explosionsartigen Gelächter loszubrechen, das ein Markenzeichen seines Ladens war. Unsere Mutter fühlte sich inmitten dieser netten, rotgesichtigen Iren immer etwas befangen. Sie lächelte die anderen Kunden an, und die lächelten scheu zurück. So war das nun mal in Irland. Die Menschen waren alle so freundlich.

»Wir chaben Methoden, Ssie ssum Sprächen ssu bringen«, drohte der Mann wie immer, wenn wir nichts zur Unterhaltung seiner Kundschaft beitragen wollten und uns weigerten, auch ein paar Worte auf deutsch zu sagen. Wir waren ebenso schüchtern und befangen wie unsere Mutter, und was hätten wir schon auf seine Verballhornungen unserer Sprache antworten sollen?

»Halt! Wir müssen nicht vergessen der Wechselgeld.« Irgend etwas war an uns, das die Leute zum Lachen brachte oder die Stimmen senken ließ, oder dazu, uns mitten auf der Straße anzusprechen und die idiotischsten Fragen zu stellen; so was Ähnliches wie eine elektronische Diebstahlsicherung, die auf Schritt und Tritt »biep« machte.

Der Mann in dem Fischgeschäft hatte allen das profane Geheimnis unserer Herkunft verraten. Jetzt gab es kein Versteckspiel mehr. Unsere so mühsam angenommene Identität als irische Kinder war für die Katz.

Wohin wir auch gingen, stets wehte eine Brise deutscher Vergangenheit hinter uns her, die jeder spürte.

»Heil Hitler!« hörten wir sie schreien, auf dem Weg zur Kirche, zur Schule oder nach Hause, wenn wir von einem Einkaufsbummel kamen. Mutter ermahnte uns ständig, gar nicht darauf zu achten. Wir waren keine Nazis. Aber es war oft verdammt schwer, ein Deutscher zu sein.

Wenn wir allein unterwegs waren, sprangen die anderen Kinder vor oder hinter uns aus ihren Verstecken hervor und stimmten ihr Kriegsgeschrei an. Immer dieses »Donner und Blitzen!« und »Achtung! Get the Krauts«. Wir besaßen einfach nicht das irische Talent zur Tarnung und fielen überall auf. Es tat auch gar nichts zur Sache, daß ich noch nicht mal fünf Jahre alt war, als Eichmann wegen seiner Kriegsverbrechen vor Gericht gestellt wurde. Sie nannten mich trotzdem »Eichmann« und manchmal »Göring«. Mein älterer Bruder hatte die Spitznamen Hitler oder Himmler abbekommen, und die Begrüßung »Sieg Heil« kündigte im allgemeinen einen sauber plazierten Karateschlag ins Genick an.

Es war uns jedesmal peinlich, wenn Mutter auf so einem vorweihnachtlichen Einkaufsbummel im Bus deutsch mit uns redete. Gerade in dem Augenblick, wenn wir aufatmeten und das Ungestörtsein unserer Anonymität zu genießen begannen, kam ihr »Laß das sein!« in lautem, unüberhörbar fremdem Tonfall, und wieder richteten sich alle Blicke auf uns. Aber sobald die Lichter der Stadt und die Auslagen der Spielwarengeschäfte auftauchten, fiel es uns leicht, zu vergessen. Auf dem Heimweg erzählte sie uns Geschichten und sang, die Einkaufstaschen neben sich aufgestapelt, Weihnachtslieder wie »O Tannenbaum«. Wenn der Winterhimmel rosa hinter den Häuserdächern aufglühte, war das ein Zeichen dafür, daß die Engel im Himmel Kuchen buken. Und zu Hause lag in der Weihnachtszeit stets ein Duft von Plätzchen und Backwerk in der Luft.

Wenn wir hereinkamen, fanden wir Süßigkeiten im Flur, auf den Treppenstufen und manchmal nachts auf unseren Kopfkissen, und wenn wir fragten, wie die dorthin gekommen seien, antwortete sie: »Das sind Geschenke von den Engeln.« Sie bereitete Marzipankartoffeln, kleine, braune Kugeln aus Marzipan in einem Mantel aus Zimt. Am Morgen des 6. Dezember, am Nikolaustag, stand für jeden von uns ein Teller mit Nüssen, Schokolade und einem glasierten Lebkuchenmännchen mit Rosinenaugen auf der Eichentruhe, einem riesigen alten Möbel mit der Aufschrift 1788. Die gehörte zu ihren Erbstücken aus Kempen.

Alles in unserem Haus war deutsch. Alles außerhalb war irisch oder stammte aus England. In den Fenstern der Häuser in der Nachbarschaft sah man um Weihnachten viele bunte Glühlämpchen an den Christbäumen. Ich und meine Geschwister hätten lieber auch solche Wunderlichter gehabt, aber wir wußten, daß unser Haus das einzige weit und breit war, wo es noch echte Kerzen gab. Das wirkte fast wie eine Herausforderung, ein Zeichen, daß wir anders waren als die Welt um uns herum. Die meisten unserer Anziehsachen und Spielzeuge kamen vom Kontinent, in Päckchen von deutschen Verwandten. Wir spielten anders, und wir kleideten uns anders.

Sogar Schnee schien eine deutsche Erfindung zu sein. Aber diesmal schneite es dicke Flocken. Mutter bekam richtig Heimweh. Sonst hatte es hier an Weihnachten kaum je Schnee gegeben, manchmal später, im Januar vielleicht, aber nie am Weihnachtstag. In Irland herrschte eher ein mildes Mittelmeerklima, und der warme Golfstrom begünstigte eine fast tropische Vegetation, so daß in den Vorgärten und Innenhöfen viele Arten von Palmen wuchsen. Die Betreiber von Gasthäusern, Hotels und »Bed and Breakfasts« bemühten sich, diesen Eindruck eines südlichen Ferienparadieses zu verstärken, indem sie Schilder mit Namen wie

»Santa Maria« oder »Stella Maris« an die Palmen hängten.

Schnee war eher eine Art Importware, ein Weihnachtsmärchen, eine verklärte Erinnerung oder ein Produkt der Industrie und Kochkunst, auf Glückwunschkarten, als Sahne und Zuckerglasur auf Kuchen, als Holzwolle oder Watte auf dem Dach der Krippe. Aber dieses Jahr gab es echten Schnee, richtig weißen Schnee, der den Eindruck eines Badeortes fortwirbelte und die Straßen in ein winterliches Feenreich verwandelte.

Es war unser Weihnachten. Vater legte seine Lieblingsweihnachtsplatte mit dem Kölner Kinderchor auf, und das ganze Haus wurde erfüllt von den Glocken des Kölner Doms, die aus weiter Ferne über das Meer nach Dublin herüberhallten. Und über allem lag der Duft von deutschem Essen, Brezeln, Lebkuchen und »Schmeckewöhlerchen« aus der Heimat.

Wir hätten ebensogut in Kempen sein können, wo unsere Mutter herstammte, als wir so vor der Weihnachtskrippe knieten und deutsche Weihnachtslieder sangen, die weißen Kerzen sich in der Brille meines Vaters spiegelten und der Geruch von Tannennadeln sich mit dem des Glühweins im Wohnzimmer vermischte.

Später gingen wir ins Freie und bauten einen Schneemann im Garten, und erst, als wir in eine Schneeballschlacht mit den Nachbarskindern verwikkelt wurden, begriffen wir, daß wir wieder in Irland waren; dort, wo Kinder Schnee von den niedrigen Steinmauern scheffelten und Autos auf glatten Straßen entlangschlidderten und schwarze, glänzende Streifen hinterließen. Wir liefen wie in einem Traum über den weißen Asphalt, von einem Gartenzaun zum nächsten, und hielten Ausschau nach weiteren, unberührten Schneeflächen. Und während die anderen Kinder wieder zum Weihnachtsessen in ihren Häusern verschwanden, beschlossen wir, zum Fußballplatz vorzulaufen und herauszufinden, wie tief dort der Schnee war.

Das schien uns eine fabelhafte Idee, bis wir nach ein paar Häuserblocks von einer Bande Jungens umzingelt wurden, die wir noch nie zuvor gesehen hatten. Amelia und ich rannten durch eine Lücke im Stacheldrahtzaun auf das offene Feld hinaus, aber sie hatten Karl geschnappt und ihn gegen eine Mauer gedrängt. Einer schwang einen Stock über seinem Kopf. »You Nazi bastard«, schrie er, worauf die anderen alle das gleiche grölten: »Nazi bastard, Nazi bastard.«

Amelia und ich riefen zu ihnen herüber, ihn in Ruhe zu lassen. Sie drohte, es ihren Eltern zu sagen, aber das verfing überhaupt nicht bei denen. Wir saßen in der Falle.

»Get them«, befahl einer von ihnen, und drei oder vier der Jungen rannten auf das Feld zu, hinter uns her. Um Hilfe zu rufen war völlig sinnlos; hier draußen hätte uns doch kein Mensch gehört.

»You Nazi bastard«, brüllten sie wieder Karl an. Dann drehten sie ihm den Arm auf den Rücken und zwangen ihn, auf das Feld zuzugehen, wo die anderen Amelia und mich hinter eine Reihe Eukalyptusbäumchen gestellt hatten. Einer von ihnen hielt Amelia fest und steckte ihr mit der anderen Hand Schnee unter den Anorak, immer wieder, ganze Schneemassen. Sie wimmerte unter der Anstrengung, den Kerl von sich abzuschütteln.

Karl sagte kein Wort. Er hatte seinen Plan inneren Widerstands bereits in die Tat umgesetzt und war fest entschlossen, alles schweigend hinzunehmen, so als ob sie gar nicht existierten. Vielleicht würden sie dieses Spiels bald müde werden und sich verziehen. Auch Amelia hatte es aufgegeben, sich zu wehren, und sie hörten auf, Schnee unter ihren Anorak zu stecken, weil es ohne ihre Gegenwehr nicht mehr so viel Spaß machte. Wir wurden aufgefordert, uns mit den

Rücken zur Wand an der Mauer des Fußballfeldes auf-
zustellen.

Ihrem Anführer schien die Kälte nichts auszu-
machen. Während die anderen Jungen in ihre
gewölbten roten Hände bliesen, um sie ein wenig an-
zuwärmen, hob er seelenruhig Schnee vom Boden auf
und knetete ihn zwischen den Handflächen zu einer
flachen, eisigen Scheibe.

In unseren Köpfen wiederholten wir wieder und
wieder die Ratschläge, die uns Mutter gegeben hatte:
»Der Klügere gibt nach. Achtet einfach gar nicht auf
sie.«

Ich bemühte mich, so auszuschauen, als ob an der
Wand zu stehen genau das sei, was ich in diesem
Augenblick tun wollte.

»What will we do with these Nazi bastards?« wandte
sich der Anführer an die anderen und fuchtelte uns mit
der steinharten weißen Schneescheibe vor den Gesichtern herum. »Put them on trial«, sagte einer.

Sie bildeten einen Kreis um uns und beratschlagten,
wie sie das anstellen sollten. An Flucht war nicht zu
denken. Einer der Jungen schob einen braunen Klum-
pen Schneematsch mit der Schuhspitze auf Karl zu und
flüsterte: »I'm going to make you eat that.« Amelia fing
wieder an zu weinen, aber Karl ermahnte sie, ruhig zu
sein.

»Ok, Nazis«, sagte der Anführer. »What have you got
to say for yourselves?«

»Geht gar nicht drauf ein«, sagte Karl zu uns. »Geyt
gar nich drouf eyn«, äfften sie ihn nach, und für einige
von ihnen war das endlich das Zeichen, die paar Worte
in gebrochenem Deutsch zu bellen, die sie aus den
Kriegsfilmen im Fernsehen kannten. »Gotten, blitzen …
Himmel.« Einer führte einen wilden Indianertanz auf
und brüllte immer wieder »Sieg Heil!« in die Däm-
merung, bis Amelia ein kurzes, nervöses Kichern nicht
mehr unterdrücken konnte. Ihr Anführer schien das als

Herausforderung zu empfinden, denn plötzlich warf er seinen Schneeball mit ganzer Kraft. Er traf mich am Auge, ein weißer Blitz, hart wie Stein, daß ich mir vor Schmerz das Gesicht halten mußte. Ich war den Tränen nahe, aber ich wollte Karl nicht im Stich lassen und ihnen diese Genugtuung verschaffen.

»The Nazi Brothers«, hallte die Stimme des Anführers über den Platz, »guilty or not guilty?«

»Guilty«, schrien alle, lachten und sammelten mehr Schnee. Der Wind fauchte durch die Bäume. Über dem weißen Fußballfeld wurde der Himmel dunkler und dunkler, und es sah aus, als würde es wieder zu schneien anfangen. Im Zwielicht blitzten weiße oder silbrige Schemen von Möwen auf.

»We have to go home now«, sagte Amelia auf einmal ganz selbstverständlich und machte eine Bewegung nach vorn, wie um einfach aufzubrechen. Aber sie stießen sie an die Mauer zurück. »You're going nowhere, you SS whore.«

Wir verstanden kaum, um was es eigentlich ging. Es kam uns vor, als ob diese Ausdrücke aus dem Moment heraus entstünden, als ob sich die perverse Phantasie von jemandem irgendwelche schlimmen Schimpfworte für uns ausdachte.

Einer von ihnen sagte etwas über Konzentrationslager und Gaskammern, Dinge, von denen wir überhaupt nichts wußten. Das war das Schlimmste, nicht zu verstehen, was sie von uns wollten, was sie zu uns sagten. Immer wenn ich meiner Mutter eine Frage über die Nazis stellte, sah ich einen merkwürdigen Ausdruck in ihren Augen, eine Mischung aus Verwirrung und Bedauern. Es war doch ein wichtiges Thema, Fragen, die nach einer Erklärung schrien. Vielleicht würde sie uns irgendwann mehr darüber erzählen, nach Weihnachten. Wir mußten so viel wie möglich darüber erfahren, um uns schützen zu können. Hier draußen auf dem Feld gab es keinen Schutz.

»Execute them«, schrien alle. Sie gafften uns an und suchten nach Anzeichen, daß einer von uns die Nerven verlieren und losheulen würde. Unsere einzige Hoffnung war, daß sie der ganzen Geschichte überdrüssig würden und uns gehen ließen. Daß sie wie wir inzwischen schon ganz steif vor Kälte waren.

Sie machten sich wortlos an die Produktion von Schneebällen. Einer sagte etwas von »Erschissungskommando«. »Oh yes, the firing squad«, stimmte ein anderer zu. Wieder lachten einige, und Amelia kämpfte mit den Tränen. Sie krochen am Boden herum und sammelten Haufen von Schneebällen, genug, um einen neuen Krieg anzufangen.

Jemand ermahnte die anderen, sie lange in den Händen zu kneten. Einer fügte den braunen Schneematschklumpen, den er vorhin mit der Schuhspitze auf Karl zugeschoben hatte, seiner Munition hinzu, und als sie alle ganze Berge kleiner, weißer Kanonenkugeln zu ihren Füßen aufgehäuft hatten, warteten wir auf den Schießbefehl und sahen, wie ihr Anführer der Bande stumm und bedeutungsvoll die Hand hob.

Es schien ein endloses Warten, und man konnte dabei an alles Mögliche denken, an Unwichtiges, an Kleinigkeiten wie unseren Weihnachtskuchen und Marzipankartoffeln und die sonderbar totenschädelartige Form des Plumpuddings, ja noch Belangloseres, wie die drei kleinen Markierungen des Gaszählers unter der Treppe. Dann senkte sich die Hand, wir hörten einen durchdringenden Schrei oder Befehl, und um uns war nur noch ein Hagel blendend weißen Feuers. Karl hielt sich die Hände vor die Augen. »Is' ja nur Schnee.«

Bernard MacLaverty
IN SCHLECHTER GESELLSCHAFT

Aus dem Roman ›Cal‹

Der nächste Tag war ein Donnerstag, und trotz des
Schnees und des Straßenzustandes fuhr er ziemlich früh
mit Dunlop in die Stadt, um seine Weihnachtseinkäufe
zu erledigen. Er überlegte, was er für Marcella kaufen
könnte – etwas, das nicht zu Fragen führen würde.
Nicht, daß er sich viel leisten konnte. Er kaufte ihr eine
winzige Flasche Parfüm, die den größten Teil eines Drei-
tageslohns verschlang, und fragte in einem Buchladen,
ob sie irgendwelche Bücher von oder über den Künstler
hatten, der sie so beeindruckt hatte. Der Verkäufer gab
ihm ein kleines Taschnbuch mit Grünewalds Gemälden,
und er schob es in die Tasche. Er kaufte Shamie eine
Flasche Rasierwasser und einen Rasierstift, was er jedes
Jahr getan hatte, soweit er zurückdenken konnte. Sie
schienen immer genau von Weihnachten bis Weihnachten zu reichen. Außerdem kaufte er seinem Vater, um
ihn aufzumuntern, ein Puzzle mit tausend Teilen. Als
Cal noch ein Kind war, hatte sich Shamie immer über
seine Schulter hinweg eingemischt und Teile in sein
Puzzle legen wollen. Im Spielzeuggeschäft sah er einige
Stoffpuppen mit abgeknickten Köpfen wie Betrunkene
an der Wand herumlungern. Er kaufte eine für Lucy.
Draußen stand der Prediger an der Ecke und schrie
mit überkippender Stimme etwas von Gott. Er trug
eine schwarze Plastikschürze, auf der die Worte standen: *Kehret um, denn das Himmelreich ist nah.* Außer
ein paar von seinen Busenfreunden, die ebenfalls
schwarze Latzschürzen trugen und an der Mauer lehnten, hörte ihm niemand zu. Alle anderen hasteten
vorbei, manche traten sogar in den Schneematsch im
Rinnstein, um ihm auszuweichen. Er fuchtelte mit den
Armen herum und schrie, als Cal an ihm vorbeiging:

»Ohne Blutvergießen gibt es keine Vergebung.«

»Guten Abend«, sagte Cal.

Niemand öffnete Dermot Ryans Eingangstür, und so ging er ums Haus herum und fand die Hintertür offen. Den Schnee von den Schuhen tretend, ging er hinein und rief nach Shamie, bekam aber keine Antwort. Er setzte sich hin und wartete. Vielleicht waren die beiden etwas trinken gegangen. Wenn, dann war es ein gutes Zeichen. Er zog das Taschenbuch mit den Gemälden aus der Tasche und fing an, darin herumzublättern. Er hörte die Eingangstür aufgehen und gab einen Warnruf von sich, daß er da sei. Dermot öffnete die Tür selbst.

»Wo ist Shamie?«

»Es ging ihm schlechter, als sie gedacht hatten, Cal. Der Arzt hat ihn zur Behandlung eingewiesen.«

»Wohin?«

»Gransha.«

»Oh Gott, nein.«

»Es heißt, diese Elektroschockbehandlung ist übel. Setzt einem unglaublich zu.«

»Wie zum Teufel soll ich nach Derry kommen, um ihn zu besuchen?«

Dermot zuckte die Achseln, setzte sich und schob sich die Mütze auf dem Kopf zurecht. Ganz kurz sah Cal den Abdruck des Mützenbandes auf dem spärlichen Haar, das Dermot geblieben war.

»Was ist mit dem Kombi? Wo ist er?«

»Ein Bursche vom Schlachthof hat ihn.«

»Crilly?«

»Ja, ich glaube.«

»Lieber Himmel.«

»Großzügiger als für ihn gut ist. Das ist schon einer, dein Vater. Es hat mir das Herz gebrochen, mit ansehen zu müssen, was aus ihm geworden war. Wie wenn Eisen von heute auf morgen zu Plastillin wird.« Er saß nahe am Feuer, die obersten Knöpfe seiner Hose geöffnet, so daß sich auf seinem dicken Bauch ein weißes V abzeichnete. Eine Hand lag auf seinem Knie, die andere hatte er in den Hosenträger gehakt.

»Cal, die Welt ist voller Schurken, denen es egal ist, wem sie wehtun.«

»Kommt er zu Weihnachten wieder raus?«

»Das glaube ich nicht – nach dem, was der Arzt gesagt hat.«

Cal ging zum Tisch hinüber, wo er die Geschenke abgelegt hatte.

»Wenn du ihn siehst, gibst du ihm dann das hier?« sagte er und reichte Dermot die große Schachtel. »Und das da ist ein Geschenk für dich, weil du dich so mit ihm hast plagen müssen.« Er gab Dermot das Päckchen mit dem Rasierwasser und dem Stift. »Es ist die gleiche Marke, die Shamie immer benutzt, und irgendwie mag ich den Geruch.«

»Danke, Cal. Du bist deinem Vater so ähnlich wie ein Ei dem anderen.«

Er ging zur Bücherei, um die Zeit totzuschlagen, sah jedoch zu seiner Enttäuschung und Verärgerung hinter dem Schalter anstatt Marcella die bebrillte Gestalt des Büchereileiters. Wenn er nur einen Augenblick über- legt hätte, wäre ihm klar gewesen, daß sie keinen Dienst haben konnte, da sie ja niemanden hatte, der sich nachmittags um das Kind kümmerte. Jetzt würde er nach Hause laufen oder trampen müssen, was ge- fährlich war. Er schlenderte zu dem Regal mit den Cartoon-Büchern hinüber und schlug eines auf – eine Auswahl aus dem *New Yorker.* Eine Stimme hinter ihm sagte:

»Nett, dich zu sehen, Cal.«

Er erstarrte und wußte, ohne hinzusehen, daß es Crilly war.

»Ich habe nicht erwartet, dich an einem solchen Ort zu treffen«, sagte Cal, als er sich umdrehte, um ihn anzusehen. Lächelnd stand der hochgewachsene Mann da, den Kopf geneigt, damit er nicht so groß wirkte.

»Warum nicht?«

»Ich hab in der Schule ein Buch gelesen. Das war eines mehr als du.«

»Die Bücher sind nicht für mich. Hier, komm mal her.«

Er führte Cal zu den Regalen mit den Romanen hinüber und legte den Kopf schräg. Er fuhr mit dem Finger über die Titel und tippte auf ein dickes Buch. *Middlemarch* von George Eliot. Cal sagte:

»Na und?«

»Steckt ne Menge drin in dem Buch«, sagte Crilly. Er nahm es sehr behutsam heraus, schaute sich um und schnipste, als er niemanden sah, den Einband auf. In die Seiten war ein viereckiges Loch eingeschnitten. Darin lag ein Säckchen mit Pulver, das durch Drähte mit einer Uhr verbunden war. Crilly schloß das Buch und stellte es vorsichtig aufs Regal zurück. Er sagte:

»Ich leihe keine Bücher. Ich bringe welche mit.«

»Lieber Himmel, warum wollt ihr denn eine Bücherei niederbrennen?«

»Staatseigentum, oder nicht? Befehl ist Befehl, Cal.«

»Verfluchte Scheiße.«

Cal wandte sich von ihm ab, aber Crilly packte ihn am Arm.

»Skeffington würde gern mal mit dir reden.« Er fügte hinzu: »Dringend.«

»Ich hab kein Interesse mehr.«

»Wir haben überall nach dir gesucht. Ich hab gehört, du wärst in England.«

»Nein, ich bin immer noch in der Gegend.«

Crillys Hand blieb auf seinem Arm liegen.

»Wo?«

»Hier.«

Der Bibliothekar blickte über seine Brille hinweg, um zu sehen, wer da so laut redete. Crilly lächelte und senkte die Stimme zu einem Flüstern an Cals Ohr. »Also, Cal, verarsch mich bloß nicht. Wo wohnst du?«

»Außerhalb der Stadt.«

»Gehen wir zu mir nach Hause, dann kann Skeffington vorbeischauen und uns dort trefen, ja?« Cal zuckte die Achseln. Crillys Stimme klang wieder freundlicher, aber Cal war sich darüber im klaren, daß er nicht mitgehen sollte. Er ließ sich aus der Bücherei auf die Straße hinausführen. Crilly ging ganz dicht neben ihm her. Er fragte ihn, was in dem Päckchen sei, und Cal sagte ihm, es sei eine Puppe. Cal dachte daran, wegzurennen, aber es kam ihm so doof vor, vor diesem Kerl, mit dem er zur Schule gegangen war, davonzulaufen.

Paul Yates
DER ARME ANGESTELLTE,
DER NIE ZUVOR WEIHNACHTSPOST BEKOMMEN HATTE

Süßes
Kerlchen, *bepißt sich fast* beim Öffnen
da
ruckelt er in seinem Bürostuhl
bohrt den Daumen
in
den Briefumschlag, reißt ihn auf
sieht nicht den Draht
und dann
gerade als er lesen will, was auf der Karte steht

BUMM

Zehntes Kapitel

LETZTES WORT

Flann O'Brien
LANGWEILER

Weihnachten, was? Gekommen und gegangen. Bringen wir mal kurz ein paar Banalitäten und Langweiler, die mit diesem Fest in Verbindung stehen, mit diesem Fest in Verbindung.

Auf den 1. Platz kommt ganz leicht die Person, gewöhnlich eine Frau, die sagt: »Weihnachten? Wissen Sie, mir wär' wohler, wenn ich's schon hinter mir hätte.«

Als nächstes kommt möglicherweise die Person, die folgendes sagt:

»Weihnachten? Wissen Sie, ich finde immer, es ist eine traurige Zeit.«

Drittens:

»Ja, ja. Schon wieder Weihnachten! Eigentlich erschütternd, wie die Zeit fliegt.«

Und als nächstes?

»Wissen Sie, das beste Weihnachten, das ich je erlebt habe, war in Marokko. Wir waren da tausend Leutchen auf dem Schiff − zu der Zeit war ich erst eine Woche verheiratet − und sind in Algier vor Anker gegangen. Da sehen wir doch als allererstes, wie...«

Dann gibt es die Eröffnung:

»Wissen Sie, welcher Tag des Jahres am schwersten zu überstehen ist?«

»Nein. Welcher?«

»Weihnachten.«

Dann gibt es die alternativen Kommentare, jeder mit dem äußersten Ernst vorgetragen:

»Wissen Sie was; ich habe noch nie so ein ruhiges Weihnachten erlebt.«

»Ich werde Ihnen mal was sagen. Diese Weihnachten waren die schlimmsten Weihnachten, die ich je erlebt habe.«

Dann gibt es noch diese Schrecklichkeit:

»Wissen Sie, was ich Weihnachten mache?« (Interessierte Blicke.)

»Nein. Was?«

»Bett.«

»Bett?« (Ungläubige Blicke, aufgesetzt, um dem Trottel zu Gefallen zu sein.)

»Nach dem Essen ab ins Bett. Und bis zum 26. um vier strecke ich kein Bein aus dem Bett. Wenn danach ein kleines Kartenspiel steigt, soll's mir recht sein. Aber *vor vier* aufstehen? (Man sieht angsterfüllte Gesichter.) Nein. Schon aus Angst nicht.«

Zum Schluß dieses Porträt untoten menschlichen Verfalls, nicht eigentümlich für Weihnachten, aber zu dieser Jahreszeit am häufigsten anzutreffen.

(Betritt am St. Stephen's Day, dem 26. Dezember, eine Kneipe, offensichtlich vom Alkohol zerrüttet. Läßt sich mit großer Vorsicht auf einem Platz nieder, ergreift Tischplatte, um dem verheerenden Zittern der Hände zu begegnen. Verschüttet Wasser über den ganzen Tisch. Schluckt sein Getränk, wobei Zähne laut gegen Glas klappern. Zündet sich zittrig eine Zigarette an. Atmet aus. Beginnt, in die Runde zu blicken. Fixiert angrenzende Bekanntschaft. Beginnt mit Ansprache.)

»Verdammt, aber wissen Sie, da reden die Leute immer vom Saufen, Whiskey und die ganze Richtung. Da gibt es dann immer so eine Geschichte, der Whiskey war schlecht, der Magen war nicht in Ordnung und so weiter. Wissen Sie, was *ich* Ihnen sagen werde…?«

(Macht eindrucksvolle Pause. Die Pupillen, in ihrem wäßrigen Teich fast aufgelöst, schweifen mit ungesunder Dringlichkeit herum. Deutet Schweigen als Beweis brennenden Interesses.)

»Wissen Sie, was es ist?«

(Wechselt Zigarette aus der normalen interdigitalen Position, hält sie vertikal empor; pocht feierlich mit Zeigefinger der freien Hand dagegen.)

»Sehen Sie das? Dieses Ding hier? Zigaretten. Genau diese Burschen. Wissen Sie, was ich Ihnen sagen werde...?«

(Wird plötzlich von Hustenanfall überwältigt; wühlt umnachtet nach seinem Taschentuch, während Tränen aus purem Alkohol die rubinroten Wangen hinunterkullern. Erholt sich.)

»Diese Burschen hier. *Diese Burschen haben mich geschafft...*«

(Bricht unter neuem Anfall zusammen. Taucht wieder auf.)

»*Dagegen* ist ja überhaupt nichts zu sagen (zeigt auf Glas). Da *weiß* man, was man hat. Da ist Essen drin, und da ist Trinken drin. *Das* hat noch keinem geschadet, so ein Quatsch, außer vielleicht im Übermaß. Aber *dies...*«

(Zeigt wieder auf Zigarette, Kummer und Abscheu vermischen sich auf »Gesicht«.)

»Diese Burschen haben mich geschafft.«

»Als er die Stadt (Dublin) erreichte, ließ er einen königlichen Palast erbauen, dessen Gerüst, nach Landessitte, aus biegsamen Zweigen bestand, die mit Ton verkleidet wurden; und dort beging er, gemeinsam mit den irischen Königen und Prinzen, das Weihnachtsfest mit großer Feierlichkeit.«

Die Rede ist vom Normannenkönig Heinrich II., einem »rotgesichtigen Mann mit kurzgeschorenem Haar, hervortretenden Augen und einem Stiernacken«, dessen Gefolgsleute zwei Jahre zuvor den Erzbischof von Canterbury, Thomas Becket, erschlagen hatten, und der 1172 Irland in Besitz nahm: Beginn der normannischen Invasion und Auftakt des bis heute anhaltenden englisch-irischen Konflikts. Dies ist die früheste Quelle, die ich über Weihnachten in Irland finden konnte – und bezeichnenderweise handelt sie vom Weihnachtsfest eines Eroberers.

Wer die irische Geschichte nur oberflächlich kennt, könnte Weihnachten für einen Importartikel halten, der einer »druidisch-keltischen Kultur« aufgepfropft wurde; ähnlich wie Jahrhunderte später der Weihnachtsbaum, der ja ursprünglich aus Deutschland stammt. Und wer irische Märchen und Legenden liebt, neigt zum gleichen Vorurteil: in ihnen kommt Weihnachten so gut wie nicht vor. Dabei war die Insel »zwischen dem 5. und 8. Jahrhundert wie ein zweites Palästina, eine neue Wiege des christlichen Glaubens« (Daniel Rops). Um diesen scheinbaren Widerspruch zu klären, lade ich Sie zu einem historischen Streifzug ein; nicht, weil die Iren so sehr in der Vergangenheit leben, sondern weil die Vergangenheit in Irland so sehr lebendig geblieben ist.

Die Christianisierung Irlands wurde im 5. Jahrhundert durch den heiligen St. Patrick vollendet – der

17. März, sein Todestag, ist nach wie vor der wichtigste Nationalfeiertag der Grünen Insel. Obwohl sich längst nicht alle Clanchiefs und Stammesfürsten zum wahren Glauben hatten bekehren lassen, waren es doch vornehmlich Mönche, die Bildung und Kultur des Landes bestimmten – und durch ihre eifrige Missionstätigkeit das übrige Europa einschließlich Deutschland stark beeinflußten. Irland, nicht wesentlich größer als Bayern, wurde zu einer der Keimzellen des abendländischen Denkens, so sonderbar es klingen mag, und Weihnachten, das Fest der Geburt des Heilands, feierte man dort mit Sicherheit sehr viel früher als bei uns.

Die irische Kultur jener Zeit wurde, soweit wir sie überblicken können, von drei Elementen bestimmt: dem der alten, keltisch-druidischen Religion (die allmählich friedlich in der christlichen aufging), dem Clansystem, das sich bereits der Barden als Propagandisten bediente, und von den Mönchen und »Heiligen«. Es gab in Irland eine verwirrende Vielfalt von »Saints« – von denen allerdings kein einziger, nicht einmal St. Patrick!, von Rom jemals heiliggesprochen wurde; ein Widerspruch, der bereits auf einen Interessenkonflikt zwischen dem frühen irischen Klerus und dem Papsttum hindeutet. Die Äbte und Priore der irischen Klöster – die damals keineswegs nur Fluchtpunkte der Abgeschiedenheit, sondern auch Bildungsstätten fast im Sinne von Universitäten waren und sich eines regen Zulaufs aus ganz Europa erfreuten (das kleine Kloster Glendalough beherbergte zum Beispiel zeitweise über 3000 wissenshungrige Besucher und verfügte über eine umfangreiche Bibliothek und Manuskriptsammlung) – verwalteten ihre klösterlichen »Betriebe«, in denen auch Viehzucht und ein lebhafter Tauschhandel betrieben wurden, nach eigenem Gutdünken und dachten nicht daran, sich durch fremde Bischöfe in eine episkopale Organisation einbinden zu lassen.

Das geeignetste Mittel, das Christentum auf einer »heidnischen« Insel durchzusetzen, war behutsame Assimilation: eine sehr langsame Durchdringung keltischer und christlicher Symbole. Sie läßt sich am besten am Beispiel der Hochkreuze aufzeigen, bei denen es sich im Grunde um »Bilderbögen« handelte, die den Analphabeten das Alte und Neue Testament erklärten, gleichsam nach Art der Bänkelsänger. Und um sich das Publikum gewogener zu machen, das Traditionen schätzt und allem Neuen kritisch gegenübersteht, übernahmen die Mönche geschickt volkstümliche keltische Ornamente und verwoben sie mit der Symbolik des Christentums. Ein Motiv auf diesen in Sandstein oder Granit gehauenen »Comic Strips«, die man auch heute ganz unbefangen lesen kann, ohne Kunsthistoriker oder Bibelsachverständiger zu sein, kommt sehr häufig vor: die Anbetung der Heiligen Drei Könige, »the Adoration of the Magi«, ein direkter Verweis auf die Weihnachtsgeschichte. Darauf sind dann meistens Josef, Maria und das Christuskind zu erkennen, letzteres auf das Stroh der Krippe gebettet oder auf den Schoß seiner Mutter. Die Geburt des Heilands und das Datum, der 24. Dezember, sind demnach als wesentlicher Bestandteil auch der frühchristlichen Liturgie vorauszusetzen.

Es ist interessant, unser heutiges Weihnachtsfest mit diesen zum Teil weit über tausend Jahre alten Abbildungen zu vergleichen. Einerseits wegen der Sitte, an Weihnachten Geschenke auszutauschen – in Erinnerung an die drei Könige aus dem Morgenland, die dem Kind ihre Gaben darbrachten –, andererseits wegen der Heimatlosigkeit der heiligen Familie, die von Herberge zu Herberge ziehen mußte und stets abgewiesen wurde, bis sie endlich in einem Stall ein notdürftiges Obdach fand. Die Ungastlichkeit der damaligen Wirte ist man in Irland noch heute bestrebt auszugleichen, indem man in der Weihnachtszeit in jedes Fenster des

Hauses eine Kerze stellt, als Zeichen dafür, daß hier jedermann willkommen sei; und am Weihnachtsabend einem Bettler ein Almosen zu verweigern kann die schlimmsten Folgen haben, wie eine Geschichte dieser Anthologie anschaulich belegt. Sicher ist die christliche Überlieferung eine der Hauptquellen der sprichwörtlichen irischen Gastfreundschaft und Freigebigkeit, und diese Überlieferung wurde auch von den Klöstern geprägt, die sich päpstlicher Einflußnahme so standhaft widersetzten.

In das Zeitalter des frühen Clansystems und des erstarkenden, durch die Klösterkultur sich ausbreitenden christlichen Gedankenguts bricht um 837 eine fürchterliche Katastrophe herein: die Invasion der Wikinger, der »Danes«, wie sie in alten Geschichtsbüchern genannt werden, die urplötzlich mit ihren Flotten von Drachenbooten den Shannon und die Liffey durchgleiten, Irland erobern und die Insel als Bastion benutzen, um den Rest Europas mit ihren Raubzügen in Angst und Schrecken zu versetzen. Als erstes besetzen sie die Ostküste und gründen die Stadt Dublin – Duibh-linn, was soviel heißt wie »schwarzer Pfuhl«. Fortan wird Dublin stets, eine Festung von Unterdrückern sein, von Wikingern, Normannen und Engländern; noch heute nennen die Iren der Republik die Einwohner ihrer Metropole mit bitterem Spott »West-Britons«. Tara, das sagenhafte und einst heftig umkämpfte Gebiet der alten »Hochkönige«, lag im Inneren des Landes - in Dublin und Belfast aber hängt, wahrscheinlich bis in alle Ewigkeit, der Geruch der Eroberer in der Luft: Zu viele Kränkungen sind von dort ausgegangen, als daß sich jemals ein kollektives Gefühl nationaler Identität hätte bilden können.

Am schlimmsten von den Raubzügen der Wikinger betroffen waren die klösterlichen Siedlungen; sie fielen den plündernden Horden als erste zum Opfer, und die damals verübten Greueltaten sind tief ins kollektive

Unterbewußtsein eingedrungen. Auf einer der kleinen Inseln an der Westküste wird noch heute der Blutfleck eines von den Nordmännern erschlagenen Mönchs gezeigt, der sich an einer Mauer der Klosterruine auf wunderbare Weise erhalten haben soll. Nicht minder grauenerregend ist die Vorstellung brennender Bibliotheken und Handschriften; das ›Book of Kells‹, auf der schottischen Insel Iona geschrieben, konnte vor der Zerstörungswut gerettet werden, aber zahllose ähnliche Manuskripte und Kunstschätze sind unwiederbringlich verloren. Ein Gedichtfragment aus dieser gefahrvollen Zeit lautet:

> *There's a wicked wind tonight,*
> *Wild upheaval in the sea;*
> *No fear now that the Viking hordes*
> *Will terrify me.*

Drei Jahrhunderte lang hielten die Wikinger Irland besetzt, ohne es je ganz zu erobern. Erst die Normannen haben sie endgültig vertrieben – und blieben dafür selbst im Land. Es würde zu weit führen, die Vorgeschichte dieser normannischen Invasion eingehend zu erläutern; König Heinrich II. hatte sich schon länger mit dem Gedanken getragen, Irland Großbritannien einzuverleiben, das ihm bereits durch Papst Hadrian IV. »geschenkt« worden war, auf daß er »die Grenzen der Kirche erweitere, dem Fortschreiten von Sünde und Lasterhaftigkeit Einhalt gebiete, Tugend unter seinen Bewohnern pflanze und die christliche Religion weiter ausbreite«. Was hier als eine Art Kreuzzug gegen die Ungläubigen verkauft wurde, war natürlich papistische Politik: die trotz der Wikingerbesatzung weitgehend intakt gebliebene klösterliche Selbstverwaltung Irlands, die der Einflußnahme der Bischöfe so lange widerstanden hatte, sollte nun endgültig gebrochen werden.

Damit schließt sich der Kreis wieder zu jenem Weihnachten, das der Normannenkönig Heinrich II. im Jahre 1172 »mit großer Feierlichkeit beging« – ziemlich genau an der Stelle des heutigen Dubliner Trinity College. Es heißt, daß die gälischen Stammesfürsten erstaunt und sogar ein wenig angewidert waren, als sie miterlebten, wie die Normannen prassten und schlemmten. In der Tat soll der König zur Völlerei geneigt haben, und auf seinem üppigen Speiseplan standen neben Fleisch, Wildbret und Fisch Gerichte, die man auf der Insel nicht kannte, wie Kraniche, Schwäne und Pfauen – abgesehen davon, daß der Schwan in der keltischen Mythologie als heiliges Tier gilt. Da die Iren nach wie vor nicht gerade als Gourmets bekannt sind, darf man davon ausgehen, daß die Vorliebe für gutes Essen und Trinken, besonders während der Feiertage, auf die »schmerbäuchigen« Engländer zurückgeht. Englische Landlords verzichteten in späteren Jahrhunderten ja auch dann nicht auf ihre Tafelfreuden, wenn in Irland Hungersnöte herrschten.

Weihnachten wurde jetzt nach streng katholischem Ritual gefeiert: Die prompt von Rom ausgehende Kirchenreform führte zur Gründung und Verbreitung mächtiger Orden, der Zisterzienser, Augustiner, Dominikaner und Franziskaner, und die »zentralistisch ausgerichtete römische Ordnung setzte der selbständigen irisch-monastischen Kultur ein Ende« (Wolfgang Ziegler). Die meisten »Hochkönige« und Clanchiefs unterwarfen sich der Herrschaft Heinrichs II., dessen Vasallen nach und nach drei Viertel des Landes unter ihre Kontrolle brachten. Dies führte immerhin über ein Jahrhundert lang zu einer gewissen politischen und wirtschaftlichen Stabilisierung – bis die irisch-keltischen Fürsten sich erneut zum Widerstand gegen die englische Feudalmacht zusammenschlossen. Es hatte nur wenige Generationen gedauert, bis sich ein Großteil der Anglo-Normannen dem Clansystem eingegliedert hatten und dann gemeinsam mit den Clans gegen die englischen Versuche kämpften, ganz Irland zu unterwerfen. Die Grüne Insel wurde ab dem späten Mittelalter zum »Pulverfaß« – ein Ruf, der ihr bis heute anhängt. Es gab nur noch eine einzige Gemeinsamkeit, welche die britischen Unterdrücker mit den irischen Unterdrückten verband: der katholische, von Rom diktierte Glaube, zu dessen Durchsetzung und Verbreitung die normannische Invasion entscheidend beigetragen hatte.

Weihnachten blieb, obwohl es sich unter päpstlichem Einfluß verstärkt an Weihrauch gewöhnen mußte, für die Iren stets in erster Linie ein Fest der Gastfreundschaft. Schon in mittelalterlichen Winternächten hießen Lichter in den Fenstern den einsamen Wanderer willkommen, und es ist ebenfalls glaubwürdig überliefert, daß man drinnen mit einem wärmenden Schluck Whiskey rechnen konnte: *Uisce Beatha*. Henrys Normannen sollen bald eine Vorliebe für dieses Getränk entwickelt haben, dessen gälischer Name ihnen schwer von der Zunge ging: aus »Uisce« entwickelte sich »Fuisce« und schließlich »Whiskey«, was ursprünglich »Wasser des Lebens« bedeutet. Nach einer Chronik aus dem Jahre 1276 stärkte Sir Thomas Savage seine Truppen mit einer gewaltigen Ration Uisce Beatha, bevor er sie in die Schlacht schickte. Aber schon Missionseifer und Redegewalt der frühchristlichen Mönche könnten durchaus vom Wasser des Lebens beseelt worden sein.

Die schöne Sitte, sich an Weihnachten zu beschenken, läßt sich, wie erwähnt, auf das Vorbild der drei Weisen aus dem Morgenland zurückführen. Andere »typisch irische« Gebräuche sind wahrscheinlich Relikte heidnischer Rituale, wie zum Beispiel die Mitternachtsmesse, die, wie William Carleton behauptet, »die genaue Geburtsstunde des Heilands« zelebriert, aber wohl eher mit der schon den Bronzezeitmenschen bekannten Wintersonnenwende (21. Dezember) in Zusammenhang steht. Die *Christmas rhymers* oder *mummers,* Buben, die − wie der Name schon andeutet − vermummt und verkleidet in der Weihnachtszeit von Haus zu Haus zogen, Lieder sangen, Verse vortrugen und in etwa unseren »Sternsingern« entsprachen, stammen dagegen von den Knabenchören der neugegründeten christlichen Orden ab. Was nicht heißt, daß sie sonderlich fromm und brav waren; man kann sie sich eher als regelrechte Plage vorstellen, abenteuerlich kostümierte Lausebengel, die sich auf dem Lande an Häuser anschlichen, unter irgendeinem Vorwand Einlaß fanden und die Bewohner mit ihren karnevalistischen Darbietungen erschreckten und enervierten, so lange, bis man ihnen ein Lösegeld in Münzen oder Naturalien für ihr Verschwinden anbot. Lynn Doyle, ein ehemaliger *mummer,* beklagte 1921 in seinem Buch ›An Ulster Childhood‹ den Niedergang dieser Tradition. Aber in einigen Teilen Irlands, etwa in Connemara, muß man noch heute mit Überfällen kleiner St. Georges, Oliver Cromwells, Doctors, Little Devil Doits, Beelzebubs und anderer merkwürdiger Gestalten rechnen. Das Ganze läßt sich mit dem »Halloween«-Treiben in Amerika vergleichen.

Ebenfalls seit dem Mittelalter hat sich der Brauch erhalten, am St. Stephen's Day, dem 26. Dezember, Zaunkönige (*wrens*) zu fangen, die früher von der Dorfjugend getötet, an großen Stechpalmenzweigen aufgehängt und in lärmender Prozession durch die Straßen getragen wurden; heute gehen die Kinder zartfühlender mit ihnen um und sperren sie in Marmeladegläser, in deren Deckel Luftlöcher gestanzt werden. Ein sonderbarer Aberglaube bringt diese Vögel nämlich mit dem Verrat des Judas an Jesus in Verbindung; sie gelten als Symbol von Treulosigkeit und Hybris. Nach einer alten irischen Legende wollten die Vögel einst herausfinden, wer ihr König sei; derjenige sollte die Krone tragen, der höher als alle anderen fliegen konnte. Der Adler erhob sich bis weit über die Wolken; unter seinen Fittichen aber hatte sich der Zaunkönig versteckt, der nun hervorkam, einen Meter höher flatterte und laut zwitschernd die Königswürde in Anspruch nahm.

Eine andere Sage berichtet davon, daß die Ureinwohner Irlands einmal ihre Feinde, die dänischen Wikinger, im Schlaf überraschen wollten, ihr Plan jedoch durch einen Zaunkönig vereitelt wurde, der auf eine Trommel sprang und so die Dänen weckte. Solche abergläubischen Vorstellungen sind besonders in ländlichen Gegenden noch immer weit verbreitet: etwa daß ein Rotkehlchen, das sich in ein Haus verirrt, Unglück bringe, und Ähnliches mehr.

Die meisten weihnachtlichen Sitten und Gebräuche aus der Zeit des ausgehenden Mittelalters sind längst in Vergessenheit geraten – »wir wissen«, schreibt die Historikerin Annie Smithson, »daß Weihnachten damals mit großem Pomp und viel Aufwand und Prachtentfaltung gefeiert wurde«. Dabei muß man vor allem an die großen Mysterienspiele denken, religiöse Dramen, die, ähnlich wie in anderen europäischen Ländern, als Hauptattraktion der Festtage galten und in der Regel auf den Marktplätzen größerer Städte stattfanden. Ihre Inszenierung oblag den städtischen Gilden: eine Chronik aus dem Jahre 1458 schildert eine solche Darbietung auf dem Hoggen Green, dem heutigen Campus des Trinity College. Die Schuster spielten die Geschichte ihres Patrons, St. Crispin; die Bäcker gaben eine Komödie, in der die Göttin des Weizens auftrat; die Schmiede brachten die Werkstatt Vulkans auf die Bühne; die Zimmerleute stellten die Weihnachtsgeschichte von der Geburt des Heilands dar. Heidnische und christliche Inhalte wurden in diesen »Nummernrevuen« bunt vermischt, und besonders kurios mutet an, daß ausgerechnet die Gilde der Schneider den Sündenfall von Adam und Eva im Paradies dramatisierte.

In bezug auf den Nordirlandkonflikt sprechen Einheimische oft von *the troubles*. Deren Urheber und *troublemaker* war Henry Tudor, Heinrich VIII., der sich der Nachwelt hauptsächlich dadurch einprägte, daß er zwei seiner sechs Ehefrauen köpfen ließ - nicht alle sechs, wie immer noch viele Amerikaner glauben. Dieser von Hans Holbein d. Jüngeren auf Leinwand porträtierte und von Charles Laughton auf Zelluloid dargestellte bullige König – übrigens ein musisch hochbegabter Mann, dem immerhin die Melodie von »Greensleeves« zugeschrieben wird – leitete in England die anglikanische Reformation ein, und zwar aus dem eher prosaischen Grund, daß ihm Papst Clemens VII. die Annullierung seiner Ehe mit Katharina von Aragonien verweigerte. Erstens wünschte sich Henry einen Sohn (aus seiner Ehe mit Katharina war trotz vieler Anstrengungen kein männlicher Thronfolger hervorgegangen), und zweitens hatte er sich unsterblich in die zwanzigjährige Hofdame Anne Boleyn verliebt, die er um jeden Preis heiraten wollte. Der Preis – Exkommunikation und eine bis heute nicht abreißende Kette von Religionskriegen – war ganz sicher höher, als Heinrich ahnte, zumal die schöne Anne ihn zum Hahnrei machte und dafür unter dem Henkersbeil starb. Zuvor hatte sie ihm auch nicht den erhofften Sohn geschenkt, sondern eine Tochter – die spätere Königin Elizabeth I., nach der dann ein ganzes Zeitalter benannt wurde.

Außer Henrys unglücklicher Romanze gab es natürlich noch andere, politische Gründe für die Loslösung vom Papsttum; in England herrschte schon seit einiger Zeit großer Unmut im Volke über die hohen Steuern, für die man vor allem die Kardinäle verantwortlich machte, und Nachrichten über die lutherische Reformation auf dem Kontinent beschäftigten die Gemüter.

Heinrich VIII. ließ sich 1541 vom englischen Parlament zum König von Irland ernennen. Eine Formalität, deren es kaum bedurft hätte, aber sie zeigt an, daß er bestimmte Absichten hegte. Die normannischen Eroberer hatten Irland erst katholisch gemacht und päpstlicher Kontrolle unterworfen; diesen Schritt galt es nun rückgängig zu machen, mit eiserner Faust, wie man mit »Kolonialvölkern« eben verfährt, selbst wenn es sich um die nächsten Nachbarn handelt. Wer den Nordirlandkonflikt deshalb so schwer begreift, weil er den hierzulande gängigen, längst abgeschliffenen und harmlosen Maßstab katholisch-evangelisch anlegt und diesen Gegensatz auf dem Schrottplatz der Historie wähnt, verkennt den Protestantismus als ideologisch-politisches Machtinstrument der absoluten englischen Monarchie.

Henrys Liebesaffäre mit Anne Boleyn öffnete also die Büchse der Pandora und löste einen jahrhundertelangen Glaubenskrieg aus – einen der bösartigsten Konflikte der abendländischen Geschichte. Großbritanniens Irland-Politik nahm spätestens seit Cromwell im 17. Jahrhundert immer bedenklichere Züge an. Der Sieg Cromwells über die royalistische Armee führte zum Sieg der bürgerlichen Revolution in England, und den Puritanern erschien die Ausrottung des Katholizismus als geradezu heilige Pflicht. Die »Papisten« galten faktisch als rechtlos; sie durften kein eigenes Land besitzen und wurden in den Status verarmter Kleinpächter gezwungen – in der Provinz Connaught, wo man glaubte, sie unter Kontrolle halten zu können. Man ließ ihnen die Wahl »to Hell or Connaught«; Bekehrungsversuche zum Protestantismus wurden gar nicht erst unternommen. Denn Protestanten gab es ja in England genug, die man nun in großem Umfang in sogenannten »Plantations« ansiedelte, vorwiegend im nördlichen Ulster. Der heutige Nordirlandkonflikt geht hauptsächlich auf diese aggressive Siedlungspolitik zurück.

Die Puritaner zerstörten nicht nur die Reste des irischen Clansystems, sie schafften auch Weihnachten ab, das sie als »papistisches Fest« ansahen. Bis zur Restauration war es eine Zeitlang tatsächlich lebensgefährlich, Weihnachten zu feiern, denn auf »ungenehmigte Demonstrationen für den Katholizismus« stand die Todesstrafe. Vielleicht ist dies einer der Gründe für die Mitternachtsmessen, die damals an entlegenen Orten unter freiem Himmel stattfanden. Daß Oliver Cromwell in Irland später zu einer Schreckgestalt wurde, zum »schwarzen Mann«, mit dem Mütter ungezogene Kinder zur Raison brachten und der auch zu den Figuren in den Weihnachtsspielen der *mummers* gehört – er entspricht in etwa unserem Krampus –, dürfte vor diesem historischen Hintergrund niemanden verwundern.

Der letzte Versuch einer Wiedereinführung des Katholizismus als Staatsreligion und der absoluten Monarchie in England und Irland scheiterte am 1. Juni 1690 in der Schlacht am Boyne, in der das englische Bürgertum unter Führung des protestantischen Wilhelm von Oranien (William of Orange) gegen den katholischen Stuart-König James II. kämpfte. Diese Entscheidungsschlacht wurde in Irland ausgetragen, und die Niederlage der Katholiken zementierte nur ihre Unterdrückung – sie wurden fortan durch Gesetzesmaßnahmen wie die *penal laws* zu Menschen zweiter Klasse erklärt. Der anhaltende Haß zwischen den beiden Konfessionen, der bei Außenstehenden auf so viel Unverständnis stößt, ist im Grunde von britischen Machtpolitikern künstlich geschürt und lenkt vom eigentlichen Problem ab: dem Recht des irischen Volkes auf Selbstverwaltung und eine eigene nationale Identität. Die Fronten haben sich im Lauf der Jahrhunderte so sehr verhärtet, daß England, das gar keine vitalen finanziellen oder strategischen Interessen mehr mit Nordirland verbindet, nur noch einen möglichst friedlichen status quo aufrechtzuerhalten sucht, unter anderem, indem es Subventionen ins Land pumpt. Freilich nehmen Protestanten noch immer Schlüsselstellungen ein, während die katholische Mehrheit sozial benachteiligt ist. Vom »Frieden auf Erden und den Menschen ein Wohlgefallen« sind die Iren noch ein gutes Stück weit entfernt – ein Aspekt, der bei der Auswahl dieser Anthologie sicher nicht unterschlagen wurde.

Wenden wir uns jedoch zum Abschluß den behaglich-beschaulichen Seiten von Weihnachten im modernen Irland zu. Der Winter ist dort eine ziemlich trübselige Jahreszeit, mit viel grauem Himmel, Stürmen, Regenschauern und nur in manchen Jahren ein wenig Schnee. Das widrige Klima, das inzwischen auch die letzten Touristen vertrieben hat, läßt die Menschen näher zusammenrücken und verstärkt die nachbarschaftlichen Kontakte. Die Pubs, die verlängerten Wohnzimmer der Iren, sind oft bis zum Bersten überfüllt. Ebenfalls an die Grenzen ihrer Leistungsfähigkeit gelangen die Postämter, denn es herrscht die Unsitte des Vielkartenschreibens, besonders an Verwandte in Amerika. Das Briefporto wird für zwei Wochen auf 28 Pence herabgesetzt, was zu einer Totalüberlastung der Briefträger führt, die ohnehin dem Wetter und der organisierten Hundekriminalität schutzlos ausgeliefert und spätestens am 1. Weihnachtsfeiertag urlaubsreif sind. Der Grad der Beliebtheit eines Iren mißt sich zum Teil auch an der Anzahl der Weihnachtsgrüße, die er aus Übersee erhält und die auf dem Kaminsims aufgereiht oder gar an quer durch die Wohnstuben gespannten Wäscheleinen aufgehängt werden, um zu demonstrieren, wie viele Freunde und Verwandte man hat. Wer darauf Wert legt, viel Post zu erhalten, muß auch viel Post verschicken. Die Sortierung und Zustellung der Weihnachtskarten wird zusätzlich durch ihre oft unorthodoxe Form erschwert – etwa die von Whiskeyflaschen, Kleeblättern oder georgianischen Haustüren. Die irische Post befördert, im Gegensatz zur deutschen, grundsätzlich fast alles, sogar die Schreiben eines Kunstmalers, der seine eigenen Briefmarken entwirft, wie mir ein Einheimischer erzählte.

Es heißt, daß der Prinz von Sachsen-Coburg-Gotha, »the Prince Consort« Albert, Gemahl der Königin Victoria, den Weihnachtsbaum Mitte des vorigen Jahrhunderts in England einführte. Nach Irland gelangte er relativ spät und setzte sich erst nach dem II. Weltkrieg allmählich durch. Wahrscheinlich kam er gar nicht über England, sondern über Amerika auf die Grüne Insel, als Importware der lieben Verwandten aus den USA. Wenn man sich die Geschmacksverirrungen in den irischen Wohnstuben ansieht, muß man unweigerlich auf diesen Gedanken kommen; manche Christbäume sind aus Plastik, und selbst echte Tannen lassen sich unter der Überlast von Lametta, bunten Glühlämpchen und Luftballons kaum mehr als solche erkennen. Aber immer noch stehen zum Zeichen der Gastfreundschaft Wachskerzen in den Fenstern.

Wie der Leser der Geschichten dieses Buches schon gemerkt haben wird, feiert man Weihnachten in Irland ein wenig anders als bei uns. Die Bescherung findet zum Beispiel nicht Heiligabend, sondern am Morgen danach statt. Deshalb sind die Geschäfte am 24. Dezember für letzte Einkäufe bis ca. 20 Uhr geöffnet; danach herrscht ein zwei bis dreiwöchiger »Winterschlaf«, und auch die Post legt nach den Anstrengungen der Adventszeit eine längere Ruhepause ein.

Das wichtigste Hochamt ist nach wie vor die weihnachtliche Mitternachtsmesse, an der alle Gläubigen, also gut 80% der Bevölkerung, teilnehmen, um ihre Christenpflicht zu erfüllen – und um am 25. nicht zur Frühmesse gehen zu müssen. Die meisten Iren sind nämlich notorische Langschläfer, und ein normaler Arbeitstag beginnt selten vor 9 Uhr. Im Anschluß an den späten Gottesdienst erwartet Eltern ohnehin noch die schwierige Aufgabe, ihre Kinder ins Bett zu bringen, die bereits der Bescherung entgegenfiebern und völlig überdreht sind. Sie müssen schließlich die Rolle des Weihnachtsmanns spielen und Geschenke verstecken – kleinere in an Bettpfosten aufgehängten Socken, größere am Kamin oder unter dem Christbaum. Das zieht sich oft bis zum Morgengrauen hin.

Irische Hausfrauen wirken am 1. Weihnachtsfeiertag entsprechend übernächtigt, denn spätestens um neun muß der obligatorische *turkey* in den Backofen, in der Regel ein gewaltiger Vogel von an die zehn Kilo, der vier bis fünf Stunden Garzeit braucht. Er wird mit Nelken und Orangenscheiben gespickt und erhält eine Füllung aus Brotkrumen, Thymian und Ei, die man auch fertig im Laden kaufen kann.

Nach dem Auspacken der Geschenke und dem Truthahnbraten (mit ein Erbe der normannischen Invasion, wie wir gesehen haben) ist der Nachmittag von behaglicher Häuslichkeit geprägt. Man besucht Nachbarn und Freunde, hält ein Mittagsschläfchen und trinkt einen Irish Coffee – oder eher noch das eigentliche irische Nationalheißgetränk, einen *Hot Whiskey* aus Whiskey, heißem Wasser, Zucker und Nelken. Die meisten Pubs haben heute geschlossen, aber es gibt natürlich den einen oder anderen »O'Rourke« oder »O'Donnell« für jene Unermüdlichen, die abends doch noch Lust auf ein frischgezapftes Pint Guinness bekommen.

St. Stephen's Day, der zweite Weihnachtsfeiertag, heißt auch *Boxing Day,* und zwar deshalb, weil sich an diesem Tag Angestellte des öffentlichen Dienstes, insbesondere Postboten und Müllmänner, eine kleine Gratifikation in Form von Geschenkpaketen, *boxes,* abholen, welche mit Süßigkeiten, selbstgebackenen Plätzchen oder Whiskeyflaschen gefüllt sind – wobei letztere nebst dazugesteckten oder angeklebten Pfundnoten natürlich deutlich bevorzugt werden.

Kalorienbewußte fürchten die *Christmas Cakes,* die außer den üblichen Zutaten, viel Zucker und Rosinen, eine gehörige Portion Whiskey enthalten, auf dem Lande häufig auch *poteen*, den schwarzgebrannten, ca. 60prozentigen klaren Schnaps aus Gerste oder Kartoffeln, der pur etwa wie der bayerische Obstler schmeckt, mit einem leichten Whiskey-Flavour. Den sollen schon die »Danes« geschätzt haben, aber das ist wahrscheinlich eine der vielen liebenswerten irischen Halbwahrheiten und Flunkereien: *blarney*. In jedem Fall kann man sich in Irland guten Gewissens mit einem Stück Weihnachtskuchen zuprosten und *Sláinte* sagen.

»Wie alle intelligenten Menschen verabscheue ich Weihnachten«, schimpft George Bernard Shaw; »es widerstrebt mir zutiefst, mitanzusehen, wie eine ganze Nation das Musizieren vernachlässigt, bloß damit jedermann unter dem gespenstischen Vorwand allgemeiner Feierlichkeit die Taschen seiner Nachbarn ausplündern kann. Wirklich eine abstoßende Institution, dieses Weihnachten. Wir müssen uns vollfressen und betrinken, nur weil Weihnachten ist. Wir müssen Sanftmut und Freigiebigkeit heucheln, Dinge kaufen, die kein Mensch haben will und sie Leuten schenken, die wir nicht mögen. Was mich betrifft, werde ich vor dem Ganzen morgen oder übermorgen die Flucht ergreifen, in irgend eine entlegene Gegend fern des Trubels und der Geschäfte, wo mir nichts Schlimmeres widerfahren kann, als daß mir ein paar Bauern die Ohren mit einem Weihnachtslied vollsingen ...«

Nun ja – der Dubliner Shaw schrieb diesen Text in London.

Frank T. Zumbach

202

QUELLENNACHWEIS

Kapitel I.

WILLIAM CARLETON (1794–1869): WEIHNACHTEN AUF DEM LANDE
(Christmas Among the Peasantry, 1833). In: John Killen (hg.), The
Irish Christmas Book, Belfast 1985, S. 117. Aus dem Englischen von
Frank T. Zumbach.

Kapitel II.

SAM MCAUGHTRY: PAPAS WEIHNACHTS-PARTY (Father's Christmas Party).
In: Sam McAughtry's Belfast, Dublin 1981. © Poolbeg Press, Dublin.
Aus dem Englischen von Frank T. Zumbach.

JOSIAS BODLEY: WEIHNACHTEN IN LECALE, 1602 (Christmas in Lecale,
1602). In: John Killen (hg.), The Irish Christmas Book, Belfast 1985,
S. 68–71. (Zit. nach: Ulster Journal of Archeology, 1854). Aus dem
Englischen von Frank T. Zumbach.

JAMES JOYCE (1882–1941): DER MISSES MORKAN'S ALLJÄHRLICHES WEIH-
NACHTSMAHL (The Misses Morkan's Annual Christmas Supper, aus:
Dubliners – The Dead, 1914). In: Irische Weihnachtserzählungen,
hrsg. und übersetzt von Dietrich Kerlen, S. 106–117. © Gütersloher
Verlagshaus, Gütersloh 1992.

Kapitel III.

FRANK O'CONNOR (1903–1966): WEIHNACHTSMORGEN (Christmas Morn-
ing, 1953). In: Irische Weihnachtserzählungen, hrsg. und übersetzt
von Dietrich Kerlen, S. 11–14. © Gütersloher Verlagshaus, Gütersloh
1992.

BERNARD MACLAVERTY: EIN WEIHNACHTSGESCHENK (A Present For
Christmas, 1977). In: John Killen (hg.), The Irish Christmas Book,
Belfast 1985, S. 148–152. © 1990 Diogenes Verlag AG, Zürich. Aus
dem Englischen von Frank T. Zumbach.

JOHN B. KEANE: VOR VIELEN JAHREN (Many Years Ago). In: Irische Weihnachtserzählungen, hrsg. und übersetzt von Dietrich Kerlen, S. 7–9.
© Gütersloher Verlagshaus, Gütersloh 1992.

EAMONN MAC THOMAIS: WEIHNACHTSBENGEL (A Chiseller's Christmas).
In: E. Mac Thomais, Gur Cake and Coal Blocks, Dublin 1976. © The

O'Brien Press Ltd, Dublin (Liepman AG, Zürich). Aus dem Englischen von Frank T. Zumbach.

Kapitel IV.

FRANCIS MacMANUS (* 1909): KEIN SCHLECHTES SCHIFF, KAMERADEN! In: Irische Weihnacht, hrsg. und übersetzt von Elisabeth Schnack, S. 73–78. © Verlags AG Die Arche, Zürich 1977.

BRENDAN BEHAN (1923–1964): DIENST AM NÄCHSTEN. Aus: B. Behan, Das gleiche noch mal! Romanfragment und 14 Streiflichter, S. 107–112. Aus dem Englischen von Hans Christian Oeser. © Edition Nautilus, Hamburg 1992.

DAVID PARK (* 1954): ENGEL (Angel). In: D. Park, Oranges from Spain, 1990. © David Park (Sheil Land Associates, London). Aus dem Englischen von Frank T. Zumbach.

Kapitel V.

JAMES STEPHENS (1882–1950): WEIHNACHTSGEFÜHL (Christmas in Freelands). In: Collected Poems of James Stephens, London/New York 1926, S. 126/127. © The James Stephens Estate (The Society of Authors). Aus dem Englischen von Frank T. Zumbach.

WILLIAM CARLETON (1794–1869): DIE MITTERNACHTSMESSE (Midnight Mass, 1833). In: John Killen (hg.), The Irish Christmas Book, Belfast 1985, S. 137–140. Aus dem Englischen von Frank T. Zumbach.

MAEVE BINCHY: EIN FRÜHREIFES KIND (A Precocious Child). In: M. Binchy, My First Book, Dublin 1976. © Maeve Binchy (Christine Green, London). Aus dem Englischen von Frank T. Zumbach.

Kapitel VI.

CLARE BOYLAN (* 1948): DER GEIST DES WEIHNACHTSBAUMS (The Spirit of the Tree). In: C. Boylan, Country Living, 1993. © 1993 by Clare Boylan (Rogers, Coleridge & White, London). Aus dem Englischen von Frank T. Zumbach.

MANNIX FLYNN: 'NE TOLLE FRAU (Auszug aus: Nothing To Say). © Poolbeg Press, Dublin. Aus dem Englischen von Frank T. Zumbach.

Kapitel VII.

ANON.: ÜBER HASEN (Concerning Hares, 1920). In: Lady Gregory (hg.), Visions and Beliefs in the West of Ireland, New York 1970. Aus dem Englischen von Frank T. Zumbach.

JOHN MORROW: DAS JAHR DES KANINCHENS (The Year of the Rabbit). © 1995 by John Morrow, Belfast. Aus dem Englischen von Frank T. Zumbach.

Kapitel VIII.

WEIHNACHTSGABEN (Christmas Alms). Erzählt von Mary Gowlan in Cathair-na-Mart. In: Legends of Saints & Sinners, gesammelt und aus dem Irischen übersetzt von Douglas Hyde, Dublin o. J., S. 70–75. Aus dem Englischen von Frank T. Zumbach.

JOHN BOYLE O'REILLY: DIE FISCHER VON WEXFORD (The Fishermen of Wexford, 1870). In: Daniel D. O'Keeffe (hg.), The First Book of Irish Ballads, Cork 1979, S. 104–106. Aus dem Englischen von Frank T. Zumbach.

DIE ARME WITWE UND DIE FEE GRAINA OÏ (The Poor Widow and Graina Oï). Erzählt von Róise nic Ghrianain. In: Legends of Saints & Sinners, gesammelt und aus dem Irischen übersetzt von Douglas Hyde, Dublin o. J., S. 264–272. Aus dem Englischen von Frank T. Zumbach.

DIE BALLADE VON PAT O'DONNELL (The Ballad of Pat O'Donnell, um 1883). In: Daniel D. O'Keeffe (hg.), The First Book of Irish Ballads, Cork 1979, S. 86. Aus dem Englischen von Frank T. Zumbach.

Kapitel IX.

JAMES SIMMONS: WEIHNACHTSGRÜSSE (Seasonal Greeting). In: J. Simmons, In the Wilderness and Other Poems, 1969. © by James Simmons. Aus dem Englischen von Frank T. Zumbach.

HUGO HAMILTON: NAZIWEIHNACHTEN (Nazi Christmas). In: H. Hamilton, Dublin Where the Palm Trees Grow, London 1996. © by Hugo Hamilton, Dublin. Aus dem Englischen von Frank T. Zumbach.

BERNARD MACLAVERTY: IN SCHLECHTER GESELLSCHAFT. In: ›Cal‹. Aus dem Englischen von Nikolaus Stingl. S. 222–227. © 1984 Diogenes Verlag AG, Zürich.

Kapitel X.

Bildnachweis

Inhalt

VII. Über Hasen

VIII. Von Sündern und Geizhälsen

IX. Friede auf Erden?

X. Letztes Wort

Anhang